JN409488

무등역

무등역

정병남 수필집

수필과비평사

책머리에 1

너무 바쁘게 살다 보니 글 쓴다는 것은 호사라고 생각했습니다. 어느 날 우연히 수필집을 읽고 나도 쓸 수 있겠다 싶어 무턱대고 평생교육원에 등록했습니다.

지금까지 저의 삶에 어려웠던 일들이 있었지만 생각해 보니 행복한 날이 더 많았습니다. 수필을 쓰면서 돌아가신 부모님을 떠올리며 저 자신을 책망도 해보고 내 삶을 반추도 해봤습니다. 제 삶을 되돌아보면 기댈 만한 버팀목 없이 어려운 환경에 적응하느라 마음고생을 하였으나 오늘처럼 좋은 일도 있으니 뿌듯합니다.

객지에서 외롭게 생활할 때 고락을 같이한 친구와 동료들, 사회에서 알게 된 이웃분들, 교회에서 교제한 교우들과 마음을 나누고 싶습니다.

부족한 글을 지도하며 격려해주신 교수님, 아낌없는 조언을 주신 문우님들께 감사드립니다. 항상 옆에서 묵묵히 지켜본 아내, 작가님으로 존경을 표하는 큰아들, 작은아들, 며늘아기들에게도 감사의 마음을 전합니다.

2020년 12월

정병남

차례

2부

무등역

3부

숨고르기

4부

여운

5부

행복이란

6부

야간 굿판

1부

틈

난 기르기

꽃은 굳이 만개하지 않아도 좋다. 누군가는 꽃이 피기 때문에 아름다운 것이 아니라 꽃이 지니 아름답다고 하였다. 꽃이 지지 않으면 열매를 맺을 수 없기 때문이라니 생각해 보면 그도 그럴 것 같다. 3년 전쯤 양란이 활짝 핀 화분을 등단 축하 선물로 여러 개 받았다. 그중 상태가 좋은 것 네 촉을 골라 심고 나머지는 꽃이 진 후 버렸다. 버릴 때 화분 속을 보니 스티로폼이 들어 있었다. 꽃이 시들 때까지만 보라는 것인가 생각하니 씁쓸했다.

꽃집에 가서 양란을 꽃 피울 수 있는지 문의했더니 꽃을 피우기 어렵다는 대답을 들었다. 다 버릴까도 생각했지만, 그냥 키워보기로 하고, 베란다 볕이 잘 드는 곳에 두었다. 난은 게으른 사람이 키운다는 옛말이 있다. 춘란도 키워 보았지만, 꽃만 보다 보면 죽이기에 십상이다. 동양란은 잎이 날렵하여 고고하나 촉이 많으면 어지럽게 보인다. 양란은 갓 시집온 새색시 얼굴처럼 화사하고 잎이 도톰하다.

한 촉에 세 잎으로 품위가 있어 보인다. 어지럽지 않고 가지런하다. 화분의 크기도 동양란은 촛대처럼 위험해 보인다. 양란은 직사각형 마름모꼴로 안정되고 진회색으로 꽃과 어울려 보기가 좋다. 관리도 어렵지 않았다. 동양란은 그늘과 햇볕으로 번갈아 옮기고 통풍이 중요하다. 대신 양란은 햇볕에 오래 두어야 꽃을 피울 수 있다. 겨울에도 영하 5도 아래로 내려가지 않으면 베란다에서도 탈 없이 지냈다. 여름에는 1주, 겨울에는 2주에 한 차례씩 물을 주어야지 자주 주면 뿌리가 썩는다는 것을 경험했다. 한 번에 듬뿍 물을 주어도 탈이 없었다.

11월쯤, 네 촉에서 뿌리인지 줄기인지 모르게 각 한 촉씩 솟아올랐다. 며칠을 지나고 보니 뿌리가 아니었다. 지지대를 세워서 고정한 뒤 영양제를 가끔 뿌려주었다. 양란은 다른 꽃과 달리 꽃대를 쭉 밀어 올리지 않고 뽀드득, 뽀드득 올리면서 가지마다 작은 봉오리를 맺었다. 너무 햇볕에 노출되어 잎이 누르스름하게 변해서 실패하려나 걱정했다. 그러나 오히려 여름 내내 햇볕을 받아 꽃을 피운다는 것을 알았다.

꽃집에 가서 완숙퇴비 작은 것을 하나 사다 묻어주었다. 30여 일이 지나니 제일 밑의 꽃망울부터 피기 시작해 점차 위로 올라오며 20여 일이 지나니 모두 피었다. 비록 보기는 좀 어설프지만 노란 바탕에 분홍색이 합해져 어둡던 거실을 환하게 밝혀주고 아름다움을 선사하였다. 어느 누가 이렇게 거실을 아름답게 꾸며줄 수 있을까. 정성껏 돌보다 보니 2개월 동안 눈을 즐겁게 해주었다.

향은 진하지 않으나 감상만 해도 즐거웠다. 공들인 것이 헛되지 않아 흐뭇했다. 올해는 이미 네 촉에서 꽃대가 올라와 30cm를 훌쩍 자라 꽃망울이 어떤 것은 일곱 개 다른 것은 열 개 정도 달려서 매일 쳐다본다. 손자들이 오면 꽃망울을 떨어뜨릴까 봐 내 방 한쪽 구석으로 옮겨 애지중지 보살핀다.

지난해에는 3월 말쯤 여행을 떠날 때 꽃이 피지 않았었다. 십여 일 만에 돌아오니 피기 시작했었다. 올해는 날씨 때문인지 3월에 초에 피기 시작해 20여 일 후 만개하여 2개월이 지났는데도 거름 기운이 충분한지 계속 꽃봉오리가 맺는다. 지금도 꽃을 달고 있으니 석 달은 볼 수 있을 것 같다.

난 전문가에게 물 주기와 거름 주기를 배웠다. 될 수 있는 대로 아침에 물을 주고, 잎이나 꽃에는 물이 닿지 않아야 좋다고 한다. 또 직접 물을 주지 않고도 얼음덩어리를 7~10개 정도 화분 위에 올려놓으면 천천히 녹으면서 충분히 수분을 공급해준다는 것이다. 거름은 퇴비도 좋지만, 냄새가 나지 않는 코팅된 비료가 있다는 것도 알았다. 꽃집에 가서 바로 구입해 확인해 보니 작은 콩 크기여서 50여 개 흩뿌려 주었다. 이대로 관심을 가진다면 앞으로 몇 년은 더 키울 수 있을 것 같은 자신감이 생겼다.

올해는 영양제와 물을 적당히 주어 내년에도 꽃망울이 더 많이 달리도록 분갈이도 해줘야겠다. 사람들은 꽃만 보고 뿌리는 보지 않아 실패한 경우를 종종 보았다. 뿌리가 썩지 않고 영양분을 흡수할 수 있어야 꽃을 튼튼히 피울 수 있다. 무슨 일이든 관심과 사랑이 중요하다. 사람 사이도 그렇다. 고마운 마음이 오래 꽃으로 피어나게 가꾸어야겠다.

길

길은 삶의 흔적이다. 누군가 처음 지나간 후 많은 사람이 오래도록 가고 오면서 바닥이 단단해지고 굳어져 길이 되었다. 사람이 다니는 사소한 길도 수없이 왕래하며 만들어졌다. 그 길을 따라 문화가 전파되었고 다양한 민족들의 문화와 역사를 일구며 살아온 곳이 길이다. 우리 인간의 삶은 길로 시작하여 길로 끝난다. 새로운 길을 개척하려면 힘들고 각고의 노력이 필요하지만 다음 사람은 힘들이지 않고 그냥 걸어갈 수가 있다.

사람이 살다 보면 신작로도 가고, 자갈길도 가고, 끝이 보이지 않은 길도 갈 수 있다. 길을 가다 보면 꽃도 보고, 여러 부류의 사람들을 보며 산다. 그들은 제각각 옳은 길이라고 달려간다. 그러나 함정이 있을 수도 있고 너무 돌아가서 목적지에 오히려 늦게 도착할 때도 있다. 아무 생각 없이 빨리만 달리다 보면 세상 구경을 할 수 없다. 고속도로나 고속 철길은 빠름만 추구하다 보니 터널이 너무 많기도 하고 오히려 삭막한 느낌마저 든다.

내 고향의 진입로는 포장도 안 되고 좁은 길이었다. 어느 날 고향 동네 이장님의 전화를 받았다. 길을 넓히기 위해 길가의 논 100여 평이 필요하니 희사를 하라는 것이었다. 바로 승인하여 진입로가 넓어져 처음엔 시멘트 길에서 지금은 아스팔트가 깔리고 시내버스도 다니는 길로 변했다. 그때 동네 분들은 혹시 고마움을 알는지 모르겠으나 지금 다니는 사람들은 아무 생각 없이 다닐 것이다.

산악회에서 갑사–동학사–마곡사로 등산 한다기에 따라나섰다. 출발지에서부터 목적지까지 힘을 다해 넘어야 한다. 중간쯤 갔을 때 돌산이라 무릎이 아파 도저히 목적지를 갈 수 없었다. 마침 동료에게서 무릎보호대를 빌려 한참을 쉰 후 다른 등산객들에게 피해를 주면서 목적지인 마곡사에 늦게 도착했다. 버스는 이미 목적지에 도착해 기다리고 있어 미안한 마음을 금할 수가 없었다. 준비 없이 출발하는 인생길도 이와 똑같을 수 있다고 생각하며 무슨 일이든 심사숙고하는 버릇이 생겼다 .

남의 말을 믿고 무작정 따라 걷는 길은 나락에 떨어질 수도 있다. 나보다 앞서 성공한 사람들은 이 길이 옳다고 자랑하며 따라오기를 강요하기도 한다.

직장 선배님 아들이 서울의 유명한 증권회사 지점장이라 동료 여

럿이 돈을 주고 맡겼다. 처음에는 잘되어 돈을 많이 번다는 소문이 들렸다. 그러나 IMF가 오면서 오래가지 못하고 그분도 망하고 맡겼던 친구들도 모두 빚만 떠안고 끝난 경우를 보았다. 내가 잘 아는 길이 아니면 기술도 명성도 잘 아는 전문가도 실패할 수 있으니 여러 번 상의한 후 결정해야 한다.

성경에는 "좁은 문으로 들어가라 멸망으로 인도하는 문은 크고 그 길이 넓어 그리로 들어가는 자가 많고 생명으로 인도하는 문은 좁고 길이 협착하여 찾는 이가 적음이니라." 즉 여러 사람이 모인 곳은 보기에는 성공의 길처럼 보일지 모르나 좁은 길은 오히려 성공의 길이라 생각하며 부화뇌동하지 않고 오늘에 이르렀다.

우리가 길을 걸을 수 있다는 것은 축복이다. 내가 입원했을 때 다리를 다쳐 걸을 수 없어 휠체어에 의지하고 고생하는 환자들을 여럿 보았다. 그들은 평상복을 입고 마음껏 길을 걸어보는 것이 소원일 것이다.

나는 가끔 무료할 때 아무 생각 없이 뒷산 오솔길을 걸을 때가 있다. 어떤 사람은 옆 사람과 상관없이 휙 지나친 사람도 있고, 부부가 손을 잡고 걷는 행복한 모습도 보았다. 나는 모르는 사람이라도 내가 먼저 인사하면 금방 친해져 주제는 없지만 세상 살아가는 이야기를 나누기도 한다. 이때는 아무 생각 않고 솔 향 맡고 새소리도 들으며 하루를 정리해 보는 시간이 되기도 하였다.

흔히 인생을 길에 비유한다. 순간순간 스스로 선택해야 하고 그 선택에 따라 결과가 크게 달라지기 때문이다. 선택은 중요하지만 살면서 언제나 만족스러운 선택을 하기는 힘들다. 결정적인 선택일수록 더 어렵지만, 마음에 흡족한 경우는 드물었다. 나도 매우 중요한 결정을 심사숙고하지만, 마지막에 너무 신중을 기하다 미흡한 처리로 후회한 경우가 종종 있었다.

세계의 길은 로마로 통한다는 말이 있다. 로마의 길은 지름 30cm 정도의 납작한 돌에 작은 돌로 쐐기를 박아 움직이지 않게 만들어졌다. 지금까지 2천 년 동안 변함없이 사용되고 있다. 로마의 길은 4천 킬로, 전체는 32만 킬로라고 한다. 그 길에 맞추느라 소형차가 대다수이고 아무 불편 없이 지금도 사용되고 있었다. 결국 로마는 길을 잘 닦아 오랜 전성기를 누렸으며 문화유산이 그대로 남아 후손들을 먹여 살린다.

우리나라는 땅덩어리가 작지만 전국 어디를 가나 사통팔달로 고속도로가 개통되어 편리하게 이용한다. 혹자는 작은 나라에 도로가 너무 많다고 불평하는 사람도 보았다. 석유 한 방울 나지 않으니 도로를 잘 닦아 거리에 비해 연료가 절약된다면 일석이조의 효과가 있을 것이다. 미국의 경우 3층, 4층으로 스카이웨이가 나있어 위태해 보이지만 편리하게 이용하는 모습을 보았다. 도로는 그 나라의 문화수준을 가늠하는 잣대인 것 같다.

지금까지 내가 살아온 길은 아스라이 보이고 살아갈 길은 끝이 코앞인 것 같다. 남에게 해가 되는 일은 삼가고 작지만 남을 도우며 이 길을 걷고 싶다.

감자

곡식이 귀할 때는 주식이었다. 남아메리카 안데스산맥 티티카카호 주변의 고원지대가 원산지라고 알려져 있다. 페루에는 다양한 색깔의 감자가 4천 종이 넘는다고 한다. 언제부터 우리 땅에 심어졌는지는 정확하지는 않으나 19세기 초반이라고 전한다. 산삼을 찾으려고 숨어 들어온 중국 청나라 사람들이 감자를 경작하면서부터라고 한다.

내가 어렸을 때만 해도 감자가 점심을 대신한 주식이었다. 먹을 것이 귀한 때라 쪄서 먹고 여러 가지 반찬으로 애용되었다. 종류도 다양하여 껍질과 속이 홍색을 띠는 홍영, 자색을 띠는 자영, 항산화물질이 풍부한 컬러 감자도 개발돼 인기가 높다고 한다. 어떤 학자는 감자를 완전식품이라고 한다. 비타민 B1, B2, C가 들어 있고 칼륨도 같은 양의 밥보다 많다.

감자는 알칼리성 식품으로 산성식품인 육류, 유제품, 생선들과 함께 먹으면 영양의 균형을 유지할 수 있다는 말을 들었다. 감자는 바나나의 5.5배에 이르는 식이섬유가 들어 있다고 한다. 맛있는 감자를 고르려면 외양부터 보고 가급적 둥글둥글 예쁘면서 껍질이 깨끗하고 매끄러운 것이 좋다. 또 만졌을 때 묵직하고 단단하면 수분도 적절히 함유한 싱싱한 감자다.

옛날에는 논에다 감자를 심어놓고 수확기에 비가 오면 모를 심기 위해 감자를 물속에서 캐면 물 위로 떠다니기도 했다. 그때는 멀쩡하지만 얼마 지나면 많이 썩었다. 밭 감자는 모내기 후에 일손이 생길 때 캐기 때문에 줄기는 다 죽고 풀밭에서 감자를 캐느라 고생했다. 감자는 얼마 동안 지나면 싹이 나고 빛 가림을 소홀히 하면 푸른빛을 띠기도 한다.

싹이 난 감자는 독성이 있어 관리를 잘해야 한다. 음식을 할 때는 싹을 도려내고 가열하면 독성이 일부 파괴되어 건강에 이상이 없다고 한다. 보관할 때는 빛을 차단해야 하고 신문지로 싸거나 검정비닐로 공기가 통하도록 봉합하면 좋다.

유럽으로 감자가 들어온 시기는 16세기경 스페인 탐험가에 의해 전해졌다고 한다. 처음에는 감자가 인기가 없었다고 한다. 감자 싹에 들어 있는 솔라닌이라는 독소 때문에 잘못 먹으면 탈이 나곤 해서다. 그래서 유럽에선 처음에 감자를 돼지 사료나 전쟁포로의 식량으로만 사용했다고 전한다.

그렇지만 아일랜드가 감자의 가치를 제일 먼저 알아본 나라라고 한다. 밀은 전부 영국으로 팔려나가고 귀리를 심었을 때보다 소출이 많았고 맛도 좋았다. 토양이 알맞아 많은 감자를 심어 서민들의 배고픔을 해결해 주는 고마운 식량이었다. 결국 주식인 빵을 제치고 감자가 주식으로 자리를 잡았다. 너나 할 것 없이 각 농가에서 감자를 심었다. 서늘한 기온에서 잘 자랐고 소출이 좋은 감자 덕분에 자녀들도 배불리 먹일 수 있었다. 이런 좋은 환경에서 재배면적이 늘어가며 인구가 400만에서 800만 명으로 두 배 이상 늘어났다.

그러나 고마움도 잠시 감자 때문에 상당수 굶어 죽는 대기근이 발생했다. 당시 유럽에 전해진 감자는 한 종류였다. 종자 개량을 안 한 탓에 병해충이 생긴 것이다. 1845년부터 약 6년간 감자마름병이 발생하여 100만 명이 넘는 인구가 굶어 죽었다. 이때 인구의 30%가 감자를 주식으로 의존하였다. 그렇지만 영국은 식민지였던 아일랜드에 별 도움을 주지 않고 밀을 수탈해 가 아일랜드인들의 분노가 폭발했고, 독립운동으로 이어졌다.

이들은 굶어 죽지 않기 위해 10년 동안 200만 명이 세계 곳곳으로 살길을 찾아 이민을 떠났다. 젊은 청년들과 배표를 살 수 있는 여유로운 사람들은 이민선을 타고 어린이와 노인들이 전송하는 진풍경을 지켜보았다고 한다. 상당수가 미국으로 건너가 오늘날 미국 인구의 10% 정도를 이들이 차지한다니 감자가 미국 역사에도 영향을 끼친 셈이다.

옛날에는 주로 강원도에서 재배하였으나 지금은 비닐하우스로 전국에서 재배하며 수확기가 빨라져 높은 가격을 받아 농가 소득이 높아졌다. 종류가 다양하게 개발되어 가정, 학교, 음식점에서 많이 사용되고 있다.

지금도 점심 전 새참으로 방금 담근 김치와 감자 먹던 모습이 눈에 선하다. 알이 작은 감자는 마른 갈치를 넣어 양념을 넣고 조려 한 입에 쏙 들어갔던 그 맛은 잊히지 않는다. 앞으로 더 좋은 종자를 개량하여 아일랜드처럼 아프리카나 후진국에서 굶고 있는 어린이들이 없었으면 하는 바람이다.

복덩이

돼지는 다산과 풍요의 상징이며 재물과 행운을 가져다준다고 믿었다. 한편 욕심 많고 살찐 사람이나 조금 계산이 느린 사람을 빗대기도 한다. 돼지꿈을 꾸면 복권을 사는 사람이 많다. 예로부터 돼지는 재물과 행운을 가져다주는 복의 근원이라고 믿어 왔기 때문이다. 돼지 저금통이 많은 것도 이런 까닭일 것이다.

1970년대 이발소에서는 새끼돼지들이 어미돼지에게 빼곡히 달라붙어 젖을 먹는 그림을 흔히 볼 수 있었다. 한꺼번에 많이 낳고 빨리 크는 돼지 새끼처럼 재물이 확 불어나기를 소망해서였다. 돼지해에 태어나면 재물 복이 넘치고 잘살겠다는 믿음이 있어 다투어 임신한 사람들도 있었다. 예전에 우리 집에도 어미 돼지를 키웠다. 돼지

우리가 부실해 구멍으로 나와 집안을 온통 헤집고 다니면서 난장판을 만들기도 했었다. 새끼를 낳을 때 지금은 사람이 받아 주지만 옛날에는 돼지 스스로 새끼를 낳았고 태까지 먹어 치웠다. 그래서 깔아서 죽은 새끼가 더러 있었다. 발정이 나면 돼지를 몰고 상당한 거리의 아랫동네로 가서 돈을 주고 교미를 시켰는데 오가는 길에 말을 듣지 않아 고생을 많이 했다.

사람 곁에서 살게 된 돼지는 마을 공동체의 결속을 다지는 제의나 고사상, 굿판의 희생물로 바쳐지기도 했다. 관혼상제에는 형편에 따라 적당한 크기의 돼지를 잡았다. 이때 가만히 있지 않고 동네가 떠나갈 듯 꽥꽥 소리를 지르며 살려달라고 애원하는 모습이 애처로워 웬만한 강심장이 아니면 그 광경을 볼 수 없었다.

받아놓은 피는 창자를 깨끗이 씻은 후 여러 가지 채소들을 섞어 순대를 만들어 경사나 애사라도 일꾼들이 나누어 먹었다. 이때는 얻어먹으려고 서성거리면 얻어먹고, 오줌통을 얻어 바람을 불어넣고 공을 찼다.

가게를 개업하거나 어떤 큰 행사를 할 때는 고사를 지내면서 돼지머리를 삶아놓는다. 주인은 먼저 돈을 많이 벌어 성공할 수 있기를 빌고 콧구멍에 지폐를 돌돌 말아 꽂은 후 차례로 참가자들이 돈을 꽂았다.

어릴 때 화장실을 가려면 멀고 돼지우리가 가까우니 대변을 보다 머리를 흔들면서 귀를 떨면 똥이 옷에까지 튈 때도 있었다. 이때는 낭패를 보았지만, 지금은 전국에 이런 곳은 하나도 없다고 한다.

몇 년 전 스페인 여행 시 돼지 다리를 황금색의 포장지에 싸서 가게에 빙 돌아가며 매달아 놓은 것을 보았다. 점심시간에 그 상점 앞에는 사람들이 길게 줄을 서서 기다렸다. 가이드에게 물어보니 하몬(Jaman)이라고 하며, 청정지역에서 도토리를 먹고 자란 돼지 뒷다리를 하루 동안 바닷소금에 파묻어 염장해 두었다가 씻어서 1~3년 숙성시켜 먹는 스페인식 햄이라고 설명했다.

우리나라 돼지 사육방법이 좁은 곳에서 여러 마리를 한 우리에서 키우므로 서로 상처를 막기 위해 어금니를 절단하고, 물어뜯기는 것을 방지하기 위해 꼬리도 자른다고 한다. 예전에는 수돼지의 경우 노린내를 없애기 위해 사금파리로 거세한 후 소금만 넣고 꿰매지도 않았다. 지금도 마취 없이 거세하다 보니 잔혹성에 일부에서 논란이 많다는 뉴스를 보았다. 올해는 황금돼지해라면서 모두 복이 굴러오기를 바라고 있다. 직장인은 연봉인상이나 승진을 바라고, 상인들은 장사가 잘되기를 소망한다. 집이 없는 사람들은 내 집 마련의 꿈을 꾼다고 하니 바라는 일들이 이루어져 복이 굴러 들어왔으면 좋겠다.

새참

지난주 선산 주위에 잡풀을 잡기 위해 제초제를 뿌렸다. 따가운 햇볕과 무더위로 온몸이 땀에 젖어 목이 마르니 불현듯 새참 생각이 났다. 농사를 짓다 보면 아침 일찍 일어나 일터에 나가서 힘들게 일하면 점심때까지는 시간이 너무 길어 휴식 시간이 필요하다. 이때 새참을 먹는다. 새참은 많이 먹는 것이 아니고 휴식할 때 간단히 먹는 음식이다.

농촌에서의 '새참'은 4계절 내내 계속된다. 봄에는 밭농사, 여름에는 보리 베고, 보리타작, 모내기와 논매기, 가을에는 벼 베기와 벼타작, 밭곡식 거둬들이고, 초겨울에는 이엉 엮고 지붕 이는 일들이 끝없이 이어지기 때문이다. 이 중에서도 사람이 많이 필요한 보리 베기, 모내기가 가장 바쁜 농번기에 속한다. 모내기는 하지 무렵 저수지 물을 트면 땅 주인은 논을 갈고 물을 넣어 써레질을 끝낸 후 논을 잘 고른다. 거름을 뿌리고 모내기 날짜를 잡는다. 일시에 모두 심기 때문에 사람이 많이 필요하다. 모판에서 모를 쪄내면 새참을 먹는다. 지게로 모 다발을 져내서 적당히 논에다 듬성듬성 놓아주면 모내기가 시작된다.

오늘 일을 좌우할 못줄잡이의 몫이 중요하다. 요령 있게 작은 모퉁이가 남지 않고 간격을 적당히 맞춰주면 일찍 끝나고 아니면 해와 동무를 해야 했다. 보리타작은 까끄라기가 많아 껄끄럽고 옷 속으로 파고들어 움직일 때마다 찌른다. 얼굴은 땀과 범벅이 되어 새까맣고 눈가에도 예외는 아니지만, 그 상황에서도 새참은 있었다. 막걸리가 최고다. 먼저 한 모금 마신 후 헹궈 내고 마시면 꿀맛이었다.

어머니는 반찬을 빨리하면서 맛깔스럽게 해주셨다. 농촌에서는 자급자족이 보통인데 모내기나 보리 베기의 날짜가 잡히면 오일장에서 반찬거리를 사 와서 푸짐한 반찬 준비에 어머니들의 노고가 컸다. 이때의 반찬은 하지감자조림, 마른갈치조림, 콩조림이 최고의 반찬이었다. 그리고 새참을 준비하고 나르는 어머니들과 논둑이나 그늘에서 둘러앉은 인부들은 지나는 사람들을 아는 사람이든 모르는 사람이든 불러들였다. 많든 적든 함께 나눠 먹는 인심이 더해져 구수한 입담까지 곁들였다. 평소에는 꽁보리밥이지만 이날만은 먹어보기 힘든 반쉬이밥과 막걸리를 마셨다.

모낸 지 20여 일 지나면 뿌리가 내려 제 힘으로 설 수 있다. 다음

초벌매기를 한다. 호미로 파서 엎거나 긁어 놓는데 이때도 새참이 있다. 논매는 기계가 나와서 밀고 다녔으나 더러 빠진 곳이 많아 선호하지 않았다. 호미로 논매기는 서서 하지 않고 허리를 굽히고 엎드려서 하므로 잠깐잠깐 쉬면서 일한다.

20일 후 두벌매기를 하는데 호미로 파놓은 흙덩이를 손으로 헤치고 잡풀을 뽑는다. 이때도 일꾼들에게 새참을 제공하는데 애호박전과 삶은 감자가 있고 막걸리는 빠지지 않았다. 완전히 김매기가 끝나면 머슴들은 일 년의 반만큼 마치면 새경을 주고 휴가를 떠났다.

열흘에서 20여 일 지나 풀이 자라면 세벌매기를 한다. 이때는 벼 포기가 벌고 키가 커 엎드려 일하면서 눈도 찔러 눈물이 나기도 하고, 심할 경우 실명한 사람도 있다고 들었다. 손끝과 손톱이 닳아 피가 났는데 구렁논은 괜찮지만, 모래 섞인 논은 힘겨웠다. 벼 포기에 팔뚝이 요리조리 부딪쳐 피가 나기도 했다. 땀과 흙탕물이 튀겨 얼굴에 범벅이 되고 쓰리고 아팠지만, 휴식과 겸해서 새참을 먹었다.

이때 막걸리와 감자조림, 개떡이 안주로 제격이었다. 세벌매기에는 호미씻기 행사까지 겸해 일꾼들이 노래도 부르고 집에 올 때까지 술이 거나하게 취해서 들어왔다. 일손이 모자란 사람들을 위해 공동으로 날짜와 시간을 정하여 동네 사람들이 모여 논을 매주기도 하는데 삯으로 마을 경비를 마련하기도 했다. 어머니는 가끔 식구끼리 일할 때는 밀가루 반죽에다 돔부콩을 넣어 개떡을 쪄주셨다. 배고플 무렵 먹는 개떡의 맛은 지금도 잊히지 않는다.

마지막으로 피사리를 한다. 잘못 뽑으면 벼까지 뽑히기 때문에 피를 가려서 손으로 조심히 뽑아내고 내년에도 씨가 떨어져 싹이 올라오기 때문에 논에서 먼 곳에 버리거나 땅에다 묻었다. 이런 번거로움을 없애기 위해 못자리서 여러 차례 피사리해야 한다. 옛적 우리 고향은 산골이라 경지정리가 되지 않은 논은 못줄을 띄워 모내기를 했다.

천수답의 경우 비가 내리면 동네 사람들이 나와 도와주며 모내기를 한다. 이때 점심과 두 번의 새참을 준비하는 것도 엄마들이나 도시에서 지원 나온 며느리들도 한몫했었다. 나도 모심는다는 연락을 받으면 아내와 같이 가면서 필요한 반찬거리를 사서 새참과 점심을 준비했다.

그러나 지금은 모두가 모판에 따로 볍씨를 뿌려 키운 기계모를 심느라 사람은 없고, 논 갈고 고르는 트랙터의 엔진 소리만 들녘에서 들린다. 모심는 기계가 지나가면 모판에 잔디 같은 어린 모가 줄을 맞추어 송송 심어진다. 군데군데 빠진 곳만 사람의 손으로 심어주면 되지만 허리도 아프고 쉽지는 않은 일이다. 이앙기가 없어도 걱정할 것 없다. 이앙기가 없는 집은 조금 늦게 심지만 모판을 내놓으면 한 마지기에 정해진 삯을 준다.

철 따라 새참도 다르다. 모내기 때는 막걸리, 국수, 감자가 많고, 보리 베기에는 고구마나 국수가 제격이며 막걸리는 빠지지 않는다. 일이 어중간해 인부가 한두 명 필요하면 식구끼리 하는 것이 더 좋다. 새참과 점심 먹여주고 저녁까지 먹여야 하고 품삯까지 줘야 하니 한 사람이 먹을거리에 매달려야 했기 때문이다.

옛날처럼 새참을 내가느라 도시의 며느리가 와서 반찬 준비하고 가마솥에 밥할 일도 없어졌다. 이제 농촌의 정서와 풍속도 많이 변했다. 하우스 재배를 해서 목돈을 만지게 되고 새참으로 커피를 끓여 가기도 하며 읍내에서 음식을 배달을 받기도 한다. 지금의 농촌은 나이 드신 어르신들만 지키신다. 앞들 논들은 외지인들이 들어와 비닐하우스로 특용작물을 재배하고, 외지인들이 별장 겸 집을 짓고 살아가니 인정이 넘쳤던 '새참' 풍습은 사라진 지 오래다.

후회

예로부터 아버지와 아들은 친한 사이가 아닌 것 같다. 그러기에 삼강오륜에 부자유친이란 항목을 두었지 싶다. 가정에서 아버지는 양육하고, 보호자며, 위로와 격려는 물론 조언을 하고, 친밀한 관계를 유지하면서 잘못했을 때는 책망을 할 수 있는 역할을 한다. 그 다음 아들에게 사람이 살아가면서 어떤 일은 하고 해서는 안 되는지를 행동으로 보여 주어야 한다. 내 어릴 때 아버지들은 할 말 다 하고 가장으로 권위를 내세우셨다. 지금도 권위는 어느 정도 인정했으면 좋겠다.

요즘 아버지들은 돈 벌어다 준 기계처럼 새벽에 나가 밤늦게 돌아와 애들을 볼 수도 없다. 가정에서 어머니는 아버지에 대한 권위를 어느 정도 세워지도록 노력한다면 고독감이 줄어들지 않을까. 아버지는 일곱 살에 조부님 돌아가시고 편모슬하에서 살림하시느라 고생을 많이 하셨다고 들었다. 17세에 결혼하시고 숙부님 두 분 가르치고 결혼하면서 벌지 않고 쓰다 보니 조부님이 상당한 재산을 물려주었지만 늘 곶감 빼먹듯 팔아 점점 재산이 줄어들었다. 늘릴 생각은 안 하셨는지 정작 자식을 가르칠 때는 팔 논이 없었다.

6·25 사변이 일어났을 때도 동네일을 보면서 고초를 많이 겪으셨다. 우리 고장은 빨치산들이 화순 백아산에서 곡성을 거쳐 지리산으로 들어가는 통로여서 매일 시달렸다고 들었다. 낮에는 국군이 와서 저녁에 빨치산의 말을 들어 주었다고 총부리 겨누고 위협하고, 빨치산이 와서 물건 빼앗아가면서 국군을 도왔다며 몰아세우는 등 죽을 고비를 여러 번 넘기셨다고 하였다.

한국전쟁 후 빨치산들이 날뛸 때 함흥 비료공장에 다닌 집안 한 분이 군 당위원장으로 활동하였다. 이분을 찾아내라며 아버지께서 고문당하고 마을 사람들도 고생하였으나 국군으로부터 총살당한 후 평온해졌다. 그 후 5촌 당숙도 군청에 다니면서 조금은 연루되었지만, 별일 아니어서 잘 끝났으나 스스로 분을 참지 못하고 자살을 택한 일 때문이다. 두 분을 살리기 위해 이웃 마을 경찰국장을 찾아가 돈을 써가면서 백방으로 힘썼지만, 소득이 없어 아버지의 마음 고생이 크셨다고 들었다.

내가 초등시절 면의원 선거가 있었다. 이때는 비누와 고무신을 돌리고 막걸리를 마음껏 마셔도 괜찮은 시절이라 점차 논밭이 줄어들었다고 한다. 아버지께서 당선은 되었으나 5 · 16혁명으로 그만두셨다. 오히려 가세만 더 기울었다.

담배 피우고 술을 많이 드셨지만 크게 병원에 가시지 않고 며칠 입원한 정도의 건강하신 편이었다. 항상 자식들에게 따뜻한 말씀해주지 않았고 남의 자식들은 어떻다고 이야기하셨다. 취직해서 내가 집에 가면 밥을 굶고 사느냐, 얼굴이 까칠해서 하신 말씀인데 위가 좋지 않아 밥을 잘 먹지 못하고 밤 근무를 했기 때문도 있었다. 옷도 남들보다 더 잘 입고 오기를 원하셨다. 지금 생각해 보면 아버지의 마음이었다. 요즘은 가끔 아버지 생각이 난다. 아버님은 말씀은 퉁명스러웠지만, 큰아들인 나를 마음속으로 많이 지지해주시고 사랑해 주셨는데 그때는 몰랐다.

나도 아들들에게 따뜻하게 말한 적이 별로 없는 것 같기도 하다. 아버지는 다른 사람보다 훤칠한 키에 농촌에서 사셨지만, 부티 나고 몸매까지 날씬하셨다. 젊어 이후 밖으로만 도셨으니 집안일은 남이었다. 그러나 나이 드시며 당당하던 모습이 점차 소심해지셨다.

아버지와 아들의 관계는 아버지 말씀이 내 마음에 거슬리더라도 우선 예 하고 받아들여야 자식의 도리라고 생각한다. 얼마 후 다시 말씀드린다면 원만한 관계가 유지될 거라고 믿었다. 어버이날을 앞두고 새삼 어버이의 은공에 다시 생각해 본다. 아버지가 사랑스럽게 안아주거나 손잡고 함께 다닌 기억이 없지만 마음속으로 사랑해 주셨고 표현은 하지 않았다고 생각한다. 나도 애들에게 사랑한다, 좋아한다는 말은 하지 않지만 속으로 이야기한다.

내가 군에 입대했을 때는 면회가 없었다. 이웃 동네 아저씨 한 분이 장교로 있어 면회를 왔다 가셨다고 말씀해 주셔서 알았다. 그 무렵 10월 유신 찬반 투표가 있어 논산훈련소 배출대에 잠잘 곳이 없어 밖에서 잠을 잤다. 배출되던 날 수천 명이 연병장에 모여 배출을 기다리는데 처음 101 보충대, 102, 103 보충대 등 모두 팔려나갔다. 불안한 가운데 40여 명이 남아 있어 제2사관학교라고 호명해서 어딘지 물어보니 광주 상무대라고 했다.

동복 유격훈련장에서 1개월 훈련을 받고 군 생활을 아무 탈 없이 마쳤음은 아버지의 역할이 크셨다. 세월이 많이 흘러 아버지의 그때 나이쯤 되고 보니 이해할 것 같다. 그때 아버지의 마음을 알 것 같지만 아무 소용이 없으니 세상 살아가는 이치는 꼭 지나 보아야 알아가는 것 같다. 이 세상에 완벽한 부모는 없다. 완벽은커녕 실수투성이며 단점이 많다고 자식들은 그렇게 생각할 것이다. 부모는 자식의 단점을 덮고 장점을 살려줘야 하고, 자식도 부모의 단점을 덮어주는 아량도 필요함을 알았다.

어머님이 1년 일찍 돌아가셔서 아버지 혼자 외롭게 시골에서 사시면서 고생을 많이 하셨다. 자식들이 아무리 잘한다고 한들 마음에 차지 않으셨을 것이며 순간순간 자식들을 원망하셨을 것이다. 가끔 그때를 회상해 보면 너무 불효했던 점이 죄송하기만 하다. 돌아가시기 전 우리 집에 계실 때 아버지와 다정스러운 대화는 하지 못했다.

시절을 탓하지만, 자식들이 잘되었다면 호강하고 사셨을 텐데 모든 것이 큰아들의 잘못이라 생각하니 내 마음도 착잡하고 무겁다.

외로움

인간은 언젠가는 홀로 쓸쓸히 저세상으로 가야 한다. 지금도 독신 가정이 30%로 늘고 있다고 한다. 미술학원에서 알게 된 내 또래의 여성분은 잘나가는 사업가였다. 직원이 100명 이상인 회사를 경영한 여장부지만 어떤 연유로 결혼을 안 했는지는 묻지 않았지만 모든 면에서 앞서가는 여장부다.

친정엄마와 같이 살면서 동생들과 조카들을 정성으로 보살폈다고 한다. 어머니가 돌아가시고 혼자 지내면서 암으로 고생하고 나면, 다른 곳이 아프면서 혼자 힘으로 물 한 모금 먹을 수 없었을 때 자괴감을 느꼈다고 했다. 그때 동생들과 조카들을 원망했다며, 아들이 있었다면 어땠을까 생각도 해봤다고 털어 놓았다. 그래서 같은 처지의 친구를 사귈 것을 권해도 보았으나 말이 없었다.

그분은 영화와 음악을 좋아해 음악회나 개봉영화는 빠지지 않고 보고 와서 여러 명의 학원생들에게 감상평을 맛깔스럽게 해주었다. 승용차가 있지만 아무리 멀어도 걸어 다니며 건강을 지킨다. 나는 지금 사회는 자식 가진 부모들도 효도 받지 못하고 또 자식들 스스로도 부모의 노후는 부모가 책임져야 한다는 쪽으로 기울고 있다는 말을 하며 서로를 위안한다.

직장 선배 따님은 화학전공이라 취직이 어렵다며 대학시절 사범대학을 부전공으로 이수하길 권했었다. 그 덕에 선생님으로 발령 받았을 때 넥타이도 선물로 받을 만큼 예쁘고 실력 있는 선생님이다. 지금은 교육청 장학사로 있지만 50이 넘었는데도 어떤 이유인지 결혼을 하지 않았다. 전주에 사는 부모님과 같이 살기 위해 수도권으로 이사 했다. 지금은 부모님도 병치레가 없어 다행이지만 앞으로 어려운 일이 있을 것이다. 돌아가신 뒤에는 쓸쓸함이 오히려 더할 것이다.

아는 분의 따님도 공무원이지만 스스로 결혼을 포기했다고 한다. 혼자 살다 보니 휴일이나 휴가를 이용해 부모님을 국내외 여행도 시켜드리고 자주 방문하여 부모님을 즐겁게 해드리고 철철이 옷도 사드린다고 들었다. 부모님은 이웃이나 친지에게 딸 자랑하지만 속이 쓰리고 아팠을 것이다.

지금 사회는 너무 물질에 치우치다 보니 결혼 안 한 자식들이 늘고 있다. 너무 잘나가서 못 하거나, 여건이 안 된 남녀가 있는 반면, 취직을 못 하고 자포자기한 사람과 집과 차를 준비할 수 없어 못한 사람도 늘고 있다고 한다. 이런 자식들을 둔 부모들은 속이 상하고 가슴 아프지만 붙어사는 자식들도 마음 편안 할 리 없을 것이다.

이런 추세는 비단 우리나라뿐 아니라 일본, 미국도 같다고 한다. 이래저래 부모 자식 간에 좋지 않은 감정만 쌓여가고 늙은 부모에게 빌붙어 부모 노후까지 갉아먹는 처지다. 부모세대의 어려운 환경이다.

독신가정이 늘면서 애완견 숫자가 늘고 동물병원이 인기가 높다고 한다. 결혼해서 사람들과 부대껴야 하는데 애완견으로 대신하고 있는 실정이다. 요즘 공원에 나가면 어른, 어린이 할 것 없이 애완견 때문에 가기 싫을 때가 있다. 애완견 한 마리 키우는 데 어린애 한 명 키우는 것 보다 돈이 많이 든다고 한다.

어떤 유명 영화배우가 티브이에서 하는 말이 늦게 집에 들어가면 식구들은 모르고 잠만 자는데 강아지만 반갑게 맞아 준다면서 자식보다 낫다는 말을 들었다. 이런 경우 때문인지 모르지만 애완견 숫자는 계속 늘고 있다.

요즘 청년실업과 극심한 경제난으로 이제 결혼은 사치라고 보는 사람이 늘고 있다. 어쩔 수 없이 독신이나 은둔형으로 사는 것이 경제적 부담을 덜 수 있다고 생각들 한다. 과거에는 결혼을 꼭 해야 한다는 생각이었으나 이제는 결혼이 선택으로 바뀌었다고 한다. 결혼은 안 해도 아무 문제가 되지 않고 할 일만 하는 그런 사회로 바뀌었으면 좋겠다.

참새

여전히 영하의 기온이지만 햇살 밝은 아침이다. 아파트 내 놀이터 나무에서 참새 떼들이 왁자하게 떠들면서 목청을 돋운다. 그 소리에 잠에서 깨어나기도 한다. 저 작은 몸뚱이들이 한겨울을 어디서 어떻게 지냈는지 참 대견하다. 참새는 사람과 가장 가까이 있으면서 싫지 않은 동물이다. 벌레를 잡아먹어 유익할 때도 있지만 가을에는 벼 이삭을 빨아먹어 피해를 주기도 한다.

한 해에 두세 번씩 4~5마리의 새끼를 낳는데 14일이 지나면 어미를 떠난다. 방앗간 주변에는 일 년 내내 뱅뱅 돌면서 떠나지 않는 참새 떼들을 볼 수 있었다. 늦은 봄이면 초가지붕에 구멍을 손질해서 살면서 어미가 먹이를 주면 서로 받아먹으려다 처마에서 마당으로 떨어져 죽은 털 없는 빨간 참새 새끼를 종종 보았다.

모를 심어 이삭이 나올 때쯤 어디서 왔는지 여기저기로 날아다닌다. 이 논에서 쫓으면 저 논으로 가고, 왔다 갔다 하면서 이삭을 빨아먹기 때문에 온갖 수단을 동원하여 이를 말렸다. 논 주변으로 여러 모양의 허수아비를 세우기도 하였고, 만국기를 달아 잡아당겨 보지만 영리한 참새는 항상 비켜 지나갔다. 그래서 적당한 공터의 논두렁에 새막을 짓는다.

새들이 워-워 소리를 내며 날아들면 미리 준비한 꽹과리나 징치는 소리와 화약으로 만든 총소리로 쫓아냈다. 새막을 논마다 짓지 않고 마지기가 많은 집 논 주위에 짓고 이 논 저 논에서 모여든 어린 애들이 뛰어다니며 놀고 논물에다 떫은 감을 우려서도 먹었다. 새를 보며 밀가루범벅을 먹기도 하고 숙제도 했다. 참새 떼가 논에 앉아 막 올라온 벼 이삭을 빨아먹으면 새까맣게 변해 알이 영글지 않아 부모님께 야단을 맞았다. 한 해 농사를 망치면 식구들이 굶을 수도 있는데 철없이 모여 다니며 놀기도 하였다.

겨울에 눈이 많이 내려 좁은 동네 길을 쓸지 못하고 식구들이 모여 앉아 따뜻한 아랫목 이불 밑에 발을 뻗고 옛이야기를 나누었다. 햇살이 중천에 오르면 수북이 쌓인 마당 가운데에 멍석 크기만큼 눈을 쓸고 그 위에 떡판을 비스듬히 놓은 후 쌀에 왕겨를 섞어 한 줌 뿌려 놓는다. 그리고 고임대에 가는 새끼를 묶어 큰방 문구멍으로 넣어둔다. 망을 보다가 새들이 밖으로 들고 날고 하다가 몇 마리가 떡판 안으로 들어가 쌀을 쪼아 먹으면 적당한 때여 새끼줄을 잡아당긴다.

참새 몇 마리를 떡판을 들추고 조심스레 꺼내 맛있는 참새구이를 얻어먹었다. 혹시 걸려들지 않고 날아간 새가 있으면 다시 덫을 놓아보지만, 새들이 떡판 안으로 들어가지 않고 밖에서만 왔다 갔다 하면 망칠 때도 있었다. 아마 새들끼리 서로 통하는 무엇이 있지 않을까도 생각해 보았다. 눈이 녹아내린 밤에 참새 잡이를 했다. 손전등을 준비하고 있어야 하고 미리 준비한 도구는 3m 정도의 대나무를 잘게 쪼개서 새가 빠져나가지 않도록 엮는다.

추위를 피해 초가지붕 아래쪽에 난 구멍에 들어있는 참새를 향해 도구를 대고 손전등을 비추면 새들이 놀라 날아 나오면서 도구 구멍으로 들어온 참새를 2~3마리를 잡았다. 이집 저집 다니면서 잡다 보면 시간 가는 줄 몰랐다. 동네를 돌면서 추녀가 낮은 지붕에 사다리를 걸치고 이엉 마름 밑을 뒤져서 참새를 움켜낸다. 손에 잡힌 따뜻한 생명의 체온과 부드러운 새털의 감촉이 느껴졌으나 잡아야 한다는 생각이 앞섰다. 손아귀를 벗어나려는 조그만 생명의 꿈틀거림이 짠한 느낌으로만 남는다,

그때 농촌의 밤하늘은 북두칠성과 삼태성이 손에 잡힐 듯 선명했다. 금방이라도 쏟아져 내릴 것 같은 많은 별을 보면서 형들을 따라다녔다. 나이 들어 친구들과 잠들지 못하고 밤 깊도록 고샅을 돌기도 했다. 그때 주전부리는 무, 얼린 고구마, 말린 감 껍질 정도였다. 새를 잡은 밤에는 밤참으로 참새구이와 언 두부를 김치에 싸 먹으며 막걸리도 한 사발씩 마셨다. 지금은 사람도 초가지붕도 없어졌다.

짚으로 덮인 포근한 둥지 대신 어느 곳에 보금자리를 마련할지……. 이제 나날이 더하는 햇살의 따사로움에 지저귀는 참새 소리를 들으며 한시름을 놓는다.

청보리밭

연휴 마지막 날 무료함도 달랠 겸 고창 나들이에 나섰다. 오늘따라 내비게이션이 고속도로만 고집해 신경이 쓰였지만 조금 더 돌며 한적한 농촌 풍경을 보면서 주차장에 도착했다. 바람이 불고 차가운 날씨라 웅크리고 구경 온 사람들과 한참을 걸어가며 옛날 고향의 보리밭을 떠올리며 생각에 잠기기도 하였다. 잘 가꿔놓은 보리밭을 보며 보릿고개를 떠올려 보았다.

입구에 한 농부가 잘 자란 보리를 사랑스럽게 어루만지는 모양의 '농부의 황금 손'이라는 조형물이 우리를 반겼다. 이 보리밭에서 400t을 생산한다니 일거양득의 효과를 거두고 있음은 농장주의 아이디어가 돋보였다. 이 시골을 누가 찾아올 것이며 농외소득은 생각도 못 할 텐데 요즘 젊은 사람들이 옛날의 보릿고개를 생각해 보게 하는 뜻도 들어있는 것 같았다. 지금은 건강을 위해, 보리가 대접받는다. 옛날 어머니들은 보리밥을 하려면 손이 많이 갔다. 부드러운 보리밥을 짓기 위해 농사일을 한 뒤에 확에다 몽돌로 한참을 힘겹게 갈아서 가족을 부양하였다.

요즘은 영양분이 좋다는 새싹보리가 만병통치 식품처럼 주가를 올리고 있다고 하니 농민들의 시름을 달래주었으면 좋겠다. 어려서 보았던 들판의 초록 물결은 옛 모습과 변함이 없지만 들녘에 이리저리 샛길로 벌써 많은 사람이 각양각색의 옷차림으로 움직이고 있었다. 건강이 좋지 않아 자식들에 의지하여 다니는 노인을 보면서 앞으로 나의 모습이 그려지기도 했다.

연인도 있었고 먼 곳에서 20~30여 명이 떼를 지어 왁자지껄 다니는 모습도 보였다. 아직 여물지 않은 보리 이삭이 다 올라와 바람 따라 큰 물결을 이루며 흔들리는 모습이 파도와도 같았다. 연휴 마지막 날이라 그런지 많은 사람이 찾아 군데군데 웃음소리와 다정하게 손잡은 연인들의 아름다운 미소가 우리에게 행복 바이러스를 전달해 주었다

가끔 유채꽃 몇 송이가 보리에 섞여 노랑과 초록 파도가 출렁거리니 여기 아니면 어디에서도 볼 수 없는 풍경이었다. 한 고개를 넘으니 상당한 넓이의 유채 꽃밭이 조성되어 이곳의 경치를 카메라에 담으며 좋아하는 모습들도 보기 좋았다. 사람이 많아 한참을 기다려 아내가 펭귄과 노는 모습, 농부의 손 위에 앉은 모습, 비행기 타고

나는 모습, 두 마리 악어를 어르는 모습, 꽃밭에서 나비와 노는 모습을 스마트폰에 담으며 모처럼 웃는 모습을 보니 내 마음도 덩달아 좋아졌다.

어디서 날아왔는지 20여 마리의 제비들이 곡예하는 모습도 풍경과 어울렸다. 어릴 적엔 그렇게 많던 제비들이 자취를 감췄는데 여기서 보니 새삼 옛 생각이 나고 공해가 없어져 많은 제비가 날아다니는 모습을 상상하며 걸었다.

설치해 놓은 바람개비들이 바람의 세기를 알려주었고 오늘이 입하이니 30여 일 지나면 황금 들녘으로 변할 것 같은 상상도 해보고 트랙터 돌아가는 소리와 수확의 기쁨을 맞을 것이다. 한편에서는 가수가 노래를 부르며 불우환자 돕기 성금 모금을 하고 있었다. 얼마 되지 않지만, 모금에 동참하니 가슴이 뿌듯했다.

한편에는 스케치북을 가져와 높다란 자리에서 소묘하는 모습을 보며, 나도 아름다운 풍경을 스케치하여 화판에 그리고 싶은 충동이 일었다. 전망대에 올랐다. 넓게 펼쳐진 청보리밭 풍광이 한눈에 들어와 옛날을 회상하며 감회에 젖었다. 바다 끝 지평선에 맞닿은 파란 보리밭을 바람이 쓸고 지나가는 모습들을 보면서 어릴 적을 상상해보며 아름다움에 빠져들었다.

한가롭게 파도가 넘실대는 풍경을 감상하는데 굉음을 내고 다니는 트랙터가 보였다. 노약자들을 위한다며 꽁무니에 달린 간이버스는 이곳 풍경과 어울리지 않은 생뚱맞은 모습이었다. 조금은 느리지만, 마차를 이용했다면 자연경관과 어울리지 않았을까 아쉬웠다.

우리는 다른 곳을 가기 위해 미련을 버리지 못한 채 고창읍에서 오랜만에 장어구이로 점심을 먹었다. 옆 테이블에는 자식들이 늙으신 부모님을 대접하는 모습이 보였다. 젊은이들에게는 5월이 잔인한 달이라고 한다지만 내가 나이 든 탓일까. 어버이날이 있어서 좋다고 생각하였다. 1년에 한 번이라도 고향에 부모님을 찾아뵙는 마음이 좋아 보였고, 그런 생각을 하게 한다는 데 큰 의의가 있었다. 오늘 모처럼 아내와 나들이로 옛 생각에 젖어 보았고, 지금은 보기 드문 파란물결이 넘실거리는 보리밭을 보았다. 향수에 젖은 하루였다.

틈

예전에는 시골 동네마다 볼품은 좀 떨어지지만 자연 그대로 구멍이 숭숭 뚫린 돌담이 많았다. 요즘은 너무 반듯하고 깔끔해 오히려 부자연스러움을 느낄 때도 있다. 우리는 살아가면서 여러 형태로 만나고, 헤어지기도 한다. 서로 좋은 관계일 수도 있고 나쁜 관계일 수도 있다. 살아생전 만나지 않겠다고 사생결단으로 떠나지만 어디선지 곧 만날 수 있다.

나는 친구를 사귈 때도 너무 똑똑하고 나보다 뛰어난 사람은 어쩐지 가까이하기가 망설여진다. 상대방도 내가 만만한 데가 보여야 허물없이 만남을 이룰 수 있을 것이다. 무슨 일을 계획할 때도 조금 모자란 듯 보이거나 셈을 할 때도 내가 조금 손해 본다면 좋은 결과가 이루어진다는 점을 너무 늦게 알았다.

돌담은 제주도에 어디를 가나 흔하지만, 관광지의 돌담은 모양을 만들어 쌓은 것이 대부분이다. 나는 제주도 여행 시 아침에 일찍 일어나 동네를 한 바퀴 돌아본다. 가는 곳마다 생긴 대로 올려놓은 멋스러운 돌담들을 보았다. 지금도 돌을 들어내며 밭을 만드는 곳이 여기저기서 보였고 포클레인이 여러 대가 세워져 있었다. 이럴 때 돌담이 계속 늘어나게 된다.

그들은 돌이 많아 모으면서 자연스럽게 담이 생긴 것이다. 지금도 돌을 들어내며 밭을 만드는 곳이 여기저기 보였다. 농사를 짓기 위해 돌을 모아 어른 키 높이의 돌담을 쌓으며 농토가 생기고 밭의 경계가 되었고 동물들의 침입도 막았다. 산에는 닷섬이란 돌담으로 말이 나오지 못하게 하고, 무덤에는 산담을 쌓아 짐승들의 침입을 막았다. 바다에는 게담을 쌓아 돌담의 틈으로 밀물 썰물이 오가면서 물고기들이 틈으로 들어와서 고기를 잡았다고 한다.

제주인들은 돌담에서 태어나 돌담으로 돌아가며 돌담들은 제주인의 삶이라고 들었다. 틈들은 바람 다니는 길을 터주면서 세기를 줄여주고, 거센 바람에도 끄떡없는 구실을 한다. 이 틈은 바람을 막아주는 구실도 하고, 태풍이 불면 바람을 조금씩 받아들여 곡식을 쓰러지지 않게도 한다. 돌담이 무너지지 않는 까닭은 아무렇게나 쌓은 돌 틈 때문이다. 돌과 돌 사이에 드문드문 나 있는 틈이 바람의 길이 되어 주기도 하고 밭 경계에 아름드리나무들의 영향을 받아서 피해를 줄여준다.

나는 직장생활을 하며 너무 완벽을 추구하다 보니 직원 상호 간에 원만한 관계를 유지하지 못했다. 일이 옳다고 생각하면 주위에서 반대해도 밀어붙이려는 짧은 생각 때문이었다. 나이 들어가고 지위도 올라가면서 점차 보는 눈이 넓어져 상호 불편한 일들이 줄어들었다. 그때부터 서로 타협도 하고 양보도 하면서 불편한 관계가 점차 줄어들며 별일 없이 유종의 미를 거두었다.

철길은 틈이 없으면 기차가 탈선하여 인명과 재산 피해를 낸다. 처음에는 더위에 레일이 늘어난다는 것을 간과하였던 것 같다. 틈 없이 붙여서 시공한 관계로 겨울은 그냥 넘겼지만, 여름에는 여러 곳에서 탈선사고가 발생했었다. 그 뒤로 레일과 레일 사이의 틈을 주어 시공한 후로 탈선사고가 점차 줄어들었다. 여행할 때 열차 바퀴에서 덜커덩, 덜커덩 나는 소리는 틈을 지날 때 나는 소리다.

원래 레일의 길이가 20m이었으나 50m로 늘리고, 50m, 네 개를 용접하여 200m로 늘린 후 중량도 올려서 소리를 줄일 수 있었다. 또 겨울에는 틈을 조금만 주는 공사를 하고, 여름에는 틈을 조금 더 늘리는 공사를 해서 승객의 안전과 쾌적한 여행을 위하여 보이지 않는 곳에서 노력하고 있다.

퇴직 후 30여 개 사회단체가 모인 곳에서 책임자로 아르바이트를 하였다. 각기 다른 여러 단체가 모이다 보니 서로 의견이 달라 협의하기가 어려웠다. 이곳저곳 방문하여 협의하며 서로 어려움을 알게 되니 믿음이 생겼다. 관리비 산정 시에도 재력이 있는 단체가 더 부담하고 어려운 단체는 부담을 줄이고 상호 도움을 받으면서 막힌 틈을 줄여나갈 수 있었다. 10년 동안 큰 어려움이 없었다.

꽉 막힌 집안에도 틈이 있어야 햇살이 파고든다. 이때 햇볕은 건강을 돕고 기분을 상쾌하게 돕는다. 이처럼 빈틈없는 사람은 박식하고 논리정연하지만 마음에 틈이 없다면 따뜻한 사람이 되기 어렵다. 틈만 보이면 남을 몰아세우거나 위선적인 행동을 하거나 자신만의 이익을 도모하는 사람들도 보았다. 틈이 있는 사람은 사람이 비집고 들어갈 여지를 남기고 들어온 사람을 편히 쉬게 하는 여유가 있어 여러 사람을 끌어들이는 역할을 한다. 그리고 틈이 없는 일상은 갑작스러운 변화에 적응하기가 어렵다. 철로의 틈처럼 우리에게도 작은 틈이 필요하다.

산에 오르면 바위틈에 나 있는 소나무들을 볼 수가 있다. 이들은 솔방울은 많이 달리고 잎은 가냘프게 달린 모습을 볼 수 있다. 비록 볼품은 없지만 종족 보존을 위해 솔방울을 달고 있음을 볼 때 이치의 오묘함을 느낀다. 이들은 비가 오면 수분을 저장하기도 하고, 가물면 아침 이슬을 모아 생명을 유지한다. 나무가 크면서 바위가 갈라진 모습을 가끔 볼 수 있다. 이는 오랜 세월이 켜켜이 쌓여 뿌리가 자라면서 큰 바위를 깨뜨린 것이다.

틈이 없다면 주위 사람들을 힘들게 할 수도 있다. 돌담에 바람 스며들 듯 사람들에게도 틈을 주는 그런 사람이 많으면 한층 사회도 훈훈할 것이다. 세상살이도 부자는 너무 근검절약하면 가난한 사람들이 발붙일 곳이 없게 된다. 밥을 먹고 남아 있어야 가난한 사람들이 들어와서 먹을 수 있도록 틈을 보여주어야 한다.

교회나 무료급식소에도 들어오는 사람들이 마음 상하지 않고 올 수 있도록 친절함으로 틈을 주어야 거리낌 없이 매일 찾을 수 있다. 틈이란 소통의 창구기능을 한다. 닫으려고 애쓰지 말고 있는 그대로 열어 놓을 필요가 있다. 그 빈틈으로 사람들이 찾아오고 그들은 내 삶을 풍요롭고 행복하게 만들어 줄 것이다.

2부

무등역

가고 싶어도 못 가는 고향

초등학교 4학년쯤 아랫마을에 한센병이 생겨 환자가 동네에서 쫓겨났다는 소문이 났다. 얼마 후 그가 친구인 것을 알았고 그때의 충격은 매우 컸다. 그 무렵 한센인 두세 명이 동냥하러 다녔고 아녀자들이 혼자 있는 집에는 행패를 부리기도 했기 때문이다. 항간에는 그들이 병을 고치려고 사람의 간을 먹으면 낫는다는 소문이 났다. 큰길가의 삼麻밭에 숨어있으면 잡힐까 봐 혼자는 오가지 못하고 여러 명이 뛰어다니며 무서워 벌벌 떨었다. 그 뒤 까맣게 잊고 지냈다.

어느 해 이웃인 산성역으로 발령이 났다. 남원이 가까워 역이 없었지만, 시내의 연탄공장이 이곳으로 옮기면서 석탄수송을 위해 역이 생겼다. 바로 옆이 한센인들만 사는 마을이어서 큰 고민에 되었다. 안 갈 수는 없고 부임을 했는데 우선 돼지우리 냄새와 닭똥 냄새 때문에 아침 저녁으로 역겨웠고 저기압 때는 큰 고역이었다. 점차 날이 지나면서 익숙해지고 그곳을 알아가기 시작했다. 이들은 새벽 다섯 시면 교회 종소리와 함께 예배드리고, 예배가 끝나면 일을 시작하여 밤늦게까지 일하는 게 일상이었다.

교룡산성 밑이라 산성이란 지명이 되었으며 그늘지고 대부분 돌산이었다. 산을 개간하여 단감나무와 자두나무, 밤나무, 사과나무를 심어 수확이 한창이었다. 밭을 일구어 각종 채소를 심어 남원 시내에 공급하였고, 달걀은 전라남도까지 공급할 정도였으며 날마다 장사꾼들이 줄을 서서 사 갔다. 날이 갈수록 그들과 유대관계가 좋아졌다.

그곳 사람들은 다른 사람에게 전염되지 않는다는 것이 검증된 사람들이다. 그러나 동네 이장은 아무리 이상이 없다고는 하나 저기압일 때는 서로 조심하고 맑은 날은 거리낌 없이 만나도 된다는 말을 하며 자기 집에 초청을 했다. 내놓은 음식은 병에 든 음료수나 비닐에 싸인 빵을 내놓아 불편함을 덜어주었다. 반가워서 악수를 하면 오므라진 손가락과 일에 찌든 손바닥은 단단하고 갈라져 처음에는 깜짝 놀랐지만 익숙해져 갔다.

역을 갑자기 만들면서 통행할 곳이 마땅치 않았다. 그 사람들은 시내버스 승강장이 역 광장에 있어 위험하지만 정거장을 통과해야 하니 이틀에 한 번씩 동네 사람들을 보게 되었다. 지나다니는 사람들을 보면서 어릴 때 친구가 혹시 이곳에 있지 않을까 싶어 남자들을 살펴보았다.

한 달쯤 지난 어느 날 친구를 닮은 사람과 마주쳤다. 여러 차례 지나다녔지만 동행자가 있었다. 망설이다가 혼자 지날 때 "혹시 ㅇㅇ 아닌가?" 하고 말을 걸었는데 깜짝 놀라며 나를 쳐다보았다. 그가 나를 몰라보는 눈치여서 고향을 말하니 대화가 시작되었다. 부모님 소식을 물으니 돌아가셨고 한 번도 가보지 않았다고 하며 살짝 눈물을 보였다.

살고 있는 형편을 물으니 늦게 이곳에 들어와 자기의 노력으로 굶지 않고 살아간다는 이야기만 하였다. 아마 그는 자기의 추한 모습을 보여주기 싫었을 것이다. 지나서 오히려 모른 척했으면 좋았을 것이란 생각을 하였다. 내 생각만 하고, 그 사람의 불편한 생각은 헤아리지 못해 후회되었다. 그 후 드문드문 인사하고 지냈지만 허물없는 사이로 이어지진 못했다.

한번은 동사무소에서 주관하는 야유회에 초청을 받았다. 아마 마을 별로 몇 사람씩 차출했던 모양이다. 관광버스로 목적지까지 구경 끝내고 돌아오는 길에 술도 한잔씩 하며 노래를 불렀다. 그 마을 이장이 "타향살이 몇 해던가 손꼽아 헤어보니"를 어떻게 처량하게 부르던지 본인도 울먹이고 참석했던 모든 사람들도 눈물을 보였던 기억이 떠오른다. 가고 싶어도 가지 못한 고향이 얼마나 그리웠을까.

그들의 삶은 처절한 몸부림이라고 표현함이 옳을 것이다. 그분들과 같이 일한다면 굶거나 어렵게 사는 사람은 없을 것이다. 본받아야 할 점이 하나 둘이 아니었다.

추석이나 설 명절에는 탤런트 빰치는 예쁜 아들딸들이 오고 갔다. 들리는 말에 의하면 서울이나 도시에 집도 사고 자식들은 남부럽지 않는 생활을 한다는 말을 들었다. 그렇게 본인들은 고생했지만 자녀들이 잘 살고 있다면 뿌듯함에 더 열심히 일을 하지 않았을까.

1년 반 만에 그곳을 떠나면서 친구도 잊게 되었다. 이제는 그 동네에도 다른 사람들이 들어와 살 것이다. 친구는 터줏대감쯤 되어 자식들의 행복을 위안 삼고 가지 못하는 고향을 그리며 살 것이다.

가우디의 선물

바르셀로나 하면 이곳을 떠올린다. 우리 일행은 상당히 먼 곳에서 예약시간에 맞추느라 뛰어서 간신히 입장권은 무효를 면했다. 제멋대로 현대식으로 바뀐 도시에 우뚝 서서 주변과 동떨어진 이상한 건물 하나, 생뚱맞게 보이는 고독해 보이지만 외롭지 않은, 오히려 도시가 그 건물을 위해 존재한 것처럼 보였다. 사람이 아니라 혹시 신이 커다란 손으로 점토를 집어서 조금씩 만들고 있는 것만 같았다. 이는 사람으로서는 도저히 지을 수 없는 것처럼 느꼈기 때문이다.

이 건축물은 세계적인 건축가 안토니오 가우디가 설계와 건축을 맡아서 지었다. 그의 스승인 뷔야르가 착공했지만 뜻하지 않게 그만둬 1883년 가우디가 맡게 됐다고 한다. 그가 40년 뒤 죽을 때까지 전체 공정의 4분의 1만 지었고 136년이 지난 지금까지도 미완성 상태다. 그러나 1953년 공사를 재개해 가우디 사후 100주년을 기념해 2026년 완공할 계획으로 공사를 하고 있었다. 비용은 성금과 입장 수입으로 충당하고 자문 교수들도 다 자원봉사로 참여한다고 하였다. 주변 아파트와 상가 일부를 매입하여 더 좋은 환경을 만든다고도 들었다.

나는 10여 년 전 세계문화유산 답사기를 읽고 상상할 수 없는 모습을 보면서 꼭 한번 가보고 싶다는 마음을 굳혔었다. 기회가 되어 큰아들과 같이 오게 되었다.

사그라다 파밀리아 성당에는 세 개의 출입구에 탄생의 파사드, 수난의 파사드, 영광의 파사드로 나뉘어 있다. 이 중 탄생의 파사드만 가우디가 생전에 직접 완성했다. 파사드마다 건축가의 열정과 혼이 녹아 있어 건축물이 아니라 예술작품이라고 할 수 있다. 마치 성당이 예술의 집대성 혹은 예술가의 열정이 서린 박물관 같은 느낌을 받았다. 세 개의 파사드 위에는 열두 제자를 상징하는 12개의 종탑이 세워지고, 중앙에는 예수를 상징하는 거대한 탑이 세워질 계획인데, 현재까지는 8개의 종탑만 완공되었다.

천주교 신자들은 이곳에서 많은 시간을 할애하여 설명을 듣기도 하고, 우리나라의 김대건 신부를 비롯하여 여러분 성인들의 역사도 들어보며 하루 정도를 머문다고 하나, 우리 일행은 여행사의 안내에 따라 쫓기며 이리저리 훑어보았다.

정문의 골고다 언덕에 못 박힌 예수의 벌거벗은 형상과 하늘로 승천하는 금빛 상이 있다. 이곳의 예수님 얼굴이 표현되지 않은 것은 베로니카의 수건에 비친 얼굴로 대신 표현해서다. 최후의 만찬, 유다와 입맞춤, 세 번 부인하는 베드로, 고뇌하는 빌라도, 채찍 당하는 예수, 가시면류관, 십자가를 진 시몬, 예수 시신 수습까지 등장인물들의 표정이 뚜렷하고 생생했다.

예수, 성모 마리아, 요셉을 상징하는 기둥이 3개 있다. 가운데는 예수, 왼쪽 요셉, 오른쪽은 성모 마리아 상이다. 그 문마다 90m, 108m에 이르는 네 개의 기둥이 있으며, 완공되면 12개의 탑은 십이사도를 나타낸다고 한다. 마지막으로 예수의 상징인 170m 십자가 탑이 지어질 것이며, 공사가 완공되면 명실 공히 세계의 으뜸 성당이 될 것으로 믿고 싶다. 나도 교회 다니면서 성경을 공부했기에 하나하나 관심 있게 보고 가이드의 설명을 들었다.

실내에는 50여 개국 언어로 새겨진 주기도문이 한글로 새겨져 있다는 것은 우리나라의 위상을 알 수 있었다. 김대건 신부의 이름이 새겨진 스테인드글라스를 보았다.

파밀리아 성당은 겉에서만 봐도 압도하는 힘이 있지만 내면은 또 다르다. 자연채광이 뛰어나 성당 내벽 선과 면의 조화가 눈에 화려하게 들어왔다. 기둥은 아름드리나무가 바닥에서부터 뻗어 오른 듯 디자인되어 있다. 기둥에 맞닿은 천장엔 기하학적 문양의 꽃들이 만개해 있다. 고개를 돌릴 때마다 곳곳에서 "와" 하는 탄성이 쏟아졌다. 방문객이 많아 마음대로 다닐 수가 없었다.

햇볕을 받아 스테인드글라스를 통해 들어오는 햇살이 아름답게 빛이 났다. 내부는 막힌 곳 없이 탁 트여 내부가 갑갑하지 않고 어느 성당과도 다른 모습이었다. 황금빛의 칠각형 우산 아래 매달린 예수상은 상상을 초월한 아이디어 작품이라고 생각하며, 누구도 흉내 낼 수 없을 것 같았다. 시간에 쫓기지만 입장료 지급하고 나도 잠깐 의자에 앉아 기도를 드렸다. 인제 속을 살펴봤으니 멀리서 조망할 차례다.

일행은 구엘 공원을 보기 위해 그곳을 떠났다. 본래는 주거용으로 착공했지만, 공사가 중단되면서 일반인에게 개방돼 공원으로 바뀌었다고 한다. 가우디의 섬세한 손길이 입구의 경비실을 시작으로 돌계단을 타고 공원 전체를 감싼다. 공원 곳곳을 장식한 화려한 모자이크가 유명한데 도마뱀 작품은 모든 방문자의 인증사진 코스로 한참을 기다려야 했다.

가는 곳마다 모두가 작품이었으며 울창하게 자란 나무들과 어울려 천국에 오지 않았나. 착각할 정도였다. 오후 시간이라 햇볕을 받아 모자이크가 빛을 발하는데 의자처럼 길게 만들어 놓은 곳에 앉아서 담소를 나누기도 하고, 세계적인 예술작품에 기대어 쉬기도 했다.

현재 공정에서 계속 같은 물자를 쓴다면 붕괴될 위험이 있다는 전문가의 진단이 있었다고 한다. 이를 토대로 연구한 결과 지금보다 절반쯤 가벼우나 내구성이 좋은 재료를 사용하게 된다는 뉴스를 보았다. 내가 보아도 예수의 탑이 107m를 올라가야 하는데 무리라고 생각했었다.

이곳에선 지중해를 배경으로 뻗어있는 시내를 내려다보면 파밀리아 성당이 햇볕을 받아 그림처럼 펼쳐져 내려다보였다. 여행사에서도 이런 감격을 느끼라고 마지막 코스를 정하지 않았나 싶다. 안토니오 가우디가 선물한 거대하고 아름다운 작품들이 오래도록 가슴에 남을 것 같다.

괘불재掛佛齋

절에서 큰 재齋나 야외법회를 열거나 천재지변이 발생했을 때 기우제를 지낼 경우 괘불재가 열렸다고 한다. 전주와 가까운 곳에 있는 내소사는 일 년에 한두 번은 다녀왔지만 전에는 별 관심 없이 다녀오곤 했었다. 몇 년 전 식구들이 내소사를 보고 점심으로 전어와 대하를 먹자고 해서 들렀다.

운 좋게 그날이 괘불재 행사날이었다. 많은 신도와 지방유지분들과 관광객이 의자에 앉아서 기다렸다. 우리는 앞자리가 비어서 그곳에 앉았다. 행사 시작 전 리허설이 한창이었다. 한참을 기다리니 주지스님은 괘불재가 불자와 지역주민들에게 불교문화의 진수를 체험할 수 있는 좋은 기회가 될 것으로 기대한다며 사부대중四部大衆

의 많은 관심과 참여를 바란다는 안내말씀이 있은 후 행사가 진행되었다.

스님들이 만장기를 들고 나오고 뒤이어 20여 명의 장정들과 스님들이 입막이 하얀 천을 물고 승복에 흰 고무신을 신고 10m가 넘는 동그랗게 싸맨 뭉치를 메고 나왔다. 괘불의 뭉치를 풀고 당간지주에 올릴 채비를 마쳤다. 두둥둥 법고가 울리며 괘불이 서서히 당간지주에 올려지며 때로는 강하게, 때로는 약하게 빨랐다가 느리게를 반복하니 크고 선명한 부처님을 그린 불화가 달렸다. 여러 명의 스님들이 나와 독경을 하고 큰북을 친 스님과 두 명의 스님이 바라춤을 추며 분위기를 띄우고 지역유지들의 괘불재 축사가 이어졌다. 괘불 앞에는 제사 지내듯 음식이 수북이 차려지고 여러 가지 꽃들이 진열되어 있었다.

지주에 달린 영산회괘불탱화靈山會掛佛幀畵의 위용에 놀랐으며 우리나라 보물 1268호로 높이 10.5m, 너비 8.17m로 전반적으로 청색과 녹색이 주를 이루고 연한 하늘색과 분홍색으로 밝고 선명한 중간색으로 너무 아름다웠다. 석가모니부처님이 중앙에 크게 자리하고 좌우 앞쪽에는 작게 문수보살과 보현보살을 협시로 하고, 뒤쪽 좌우에는 관음보살, 대세지보살, 다보여래, 아미타여래 4보살이 서있는 7존 형식 구도였다.

행사진행은 괘불이운掛佛移運은 장정들이 입막음 천을 물고 법당에서 옮겨 지주에 거는 것이며, 고불문告佛文은 평화로운 세상을 염원하는 괘불재의 시작을 주지스님이 부처님께 알리고 법회에 참석한 사람들의 청정한 마음을 다짐하는 발원문發願文을 낭독하였다. 육법공양六法供養은 20여 명의 여신도들이 향, 등, 꽃, 과일, 차, 쌀 등 여섯 가지를 공양으로 올리는 행사지만 이 지역 신도들도 공양을 올렸다. 통천通天의식은 하늘, 땅, 사람에게 소원을 빌며 북소리에 맞추어 나무아미타불 관세음보살을 참석자 모두가 외치며 소원을 빌며 기도하는 행사다. 음성공양音聲供養은 신도들의 찬양합창과 가야금 독주, 판소리, 승무, 대금공연이며, 만등공양萬燈供養은 오색연등과 오색 띠를 걸어 아름답게 펼쳐 놓았다. 점등은 오후 6시경 실시한다는 안내 방송이 있었다.

마지막으로 괘불을 법당으로 옮기는 괘불봉안掛佛奉安이 진행되었다. 괘불을 좌우 나란히 맞추기 위해 스님과 장정들이 애를 쓰고 있었다. 양쪽 평형이 맞지 않으면 깔끔하게 말리지 않아 보관에 흠이 생기기 때문이다. 정돈된 괘불은 대웅전 불단 뒤의 궤로 봉안되면서 괘불재는 약 3시간에 걸쳐 완전히 끝났다.

그러나 번외행사로 승무, 가야금 독주, 신도들의 합창, 살풀이춤이 이어지며 참석자들의 흥을 돋워 주었으며 오후 여섯 시부터 유명 가수가 출연하는 산사음악회가 열린다며 천여 명이 참석할 것이라는 안내가 있었다. 오전에 중창불사가 있었다고 해서 손녀딸 이름으로 시주하고 늦은 점심을 먹고 전주로 돌아왔다. 오늘 열리고 있는 괘불재에 대한 해설사의 해설을 들어보니 상당히 진지하고 들을수록 재미있었다.

이 고장의 가뭄에 기우제를 드리면 비가 내렸고, 풍농을 기원하면

풍년이 들었다고 하며, 괘불행사에 한 번 참배하면 소원이 이루어지고, 세 번 참배하면 극락세계에 태어난다는 말이 전해 내려오고 있다고 하였다. 행사 중 만물공양은 참석한 불자들이 쌀과 콩 같은 농산물은 물론 차와 꽃, 사진 등 각자 1년간 땀 흘린 결실을 올리는 시간이다. 오랜 세월 지역주민들의 정신적 안식처가 되어준 내소사 주위 주민들의 유대감을 보여주는 가장 감동적인 순서라고 주지스님은 설명하였다.

이 행사는 누구라도 부처가 되고, 미래불이 될 수 있다는 여법 한마당을 만들기 위한 행사라고 했다. 절에는 다양한 행사가 있으나 결국은 사후 극락왕생을 지향하는 인간들의 염원을 기리기 위한 행사들이다. 49재는 사람이 죽은 지 49일 만에 떠도는 영혼을 천도하는 의식이며 예수재*, 수륙재**도 같은 행사라고 설명했다. 나는 다른 종교에서 말하는 영원한 천국을 염원하는 의식과 같다는 생각을 하였다.

모든 사찰에는 신앙의 대상인 부처를 모신 법당에서 모든 법회를

---

* 예수재(豫修齋)는 천재지변 같은 국민적 어려움이 있거나, 기우제를 지낼 때와 살아있는 사람의 사후를 위하여 공덕을 쌓는 종교의식이다. 우리 인간은 생전에 좋은 일을 함으로써 사후에 지옥 등 고통의 세계에 떨어지지 않고 극락왕생하고자 하는 염원을 담은 불교의식이다. 이는 기독교의 간절한 기도로 천국영생을 바라는 의식과 같다고 생각했다.

** 수륙재(水陸齋)는 죽은 자의 명복을 빌고 그 고혼이 극락왕생할 수 있도록 하는 불교의식이며 다른 종교들이 천국을 염원하는 의식과 같다는 생각을 했다. 영산재(靈山齋)는 49구재 가운데 하나로 사람이 죽은 지 49일 만에 떠도는 영혼을 천도하는 의식이다. 시왕각배재(十王各拜齋)는 저승의 시왕을 모신 중단(中壇)에 공양하는 의식이다. 상주권공재(常住勸供齋)는 불보살을 모신 사당에 재를 올리고 영가(靈駕)에게 제사 지내는 49재의 기본 의식이다.

베풀 수 있으나 괘불재를 여는 것은 법당의 크기에 비해 참석할 대상이 많을 경우 치르는 행사라고 하였다. 지금 걸어놓은 탱화는 김제에 살던 벼슬이 높고 돈 많은 양반의 형제들이 부모, 본인, 자손들의 극락왕생을 바라며 시주하고, 화사인 천신스님은 종2품 가선대부를 제수 받은 스님이며 승려들과 합작으로 삼베에 그렸다고 한다.

영산재괘불행靈山齋掛佛行은 내소사가 2012년부터 마련해오고 있는 행사며 10월 초 토요일에 열린다고 하였다. 이러한 불교의식은 현실세계의 고난을 극복하기 위한 행사며 미래 극락을 바라는 인간들의 염원을 그렸다고 한다. 조선시대에는 불교의식 가운데 죽은 이의 극락왕생을 기원하는 천도의식이 왕성했다고 전한다. 그렇지만 괘불재는 개인의 영혼을 구제하려는 의식보다는 천재지변이나 기우제 등 공동의 행복을 추구하는 의식이라는 걸 알게 되었다.

예나 지금이나 여러 종교단체에서 행하는 행사는 살아 있을 때 좋은 일 하고 어려운 사람을 위하면 결국 극락이나 천국을 갈 수 있다는 내용들이다. 이번 내소사의 괘불재를 처음 보고 우리나라 불교문화의 다양함과 아름다움을 보고 느꼈다.

무등역無燈驛

오월의 신록에 눈이 부셨다. 철도청 공채에 합격하여 교육을 마친 후 부푼 기대를 안고 첫 발령지를 찾아갔다. 집을 떠나 조치원역에서 완행열차로 2시간을 더 가자 충북선 산척역이 나타났다. 작은 역사는 초라했고 오월인데도 역 주변은 썰렁했다. 내 눈에 우뚝 솟은 안테나만 들어왔다. 문득 무인도에 혼자 있는 듯 외롭고 불안해서 몸과 마음이 차갑게 굳었다.

역사에 들어가니 나이 지긋한 역장님과 세 명의 직원이 반갑게 맞아주셨다. 여덟 명의 직원이 하루 네 명씩 교대로 근무한다고 했다. 충북선은 조치원에서 제천역까지를 말한다. 하루에 보급 열차가 한 번 오가고, 완행열차가 네 번 오갔다. 당장 숙식을 해결해야 하는

데 인가도 드물었고, 충주나 목행에서 출퇴근을 하려면 어려움이 많았다. 다행히 관사에 사는 직원이 편리를 봐 주어 그 댁에서 하숙을 했다.

산척역은 이웃 역과 거리가 멀었다. 인근에 조그만 광산이 있어 부득이 계곡을 메워 역을 만들었기 때문에 황량하기 그지없었다. 철길 아래는 200여 미터가 넘는 벼랑이었다. 발령지가 무등역인지 몰랐는데 그날 역에 도착해서야 알게 된 것이다. 무등역無燈驛은 등이 없는 역이 아니다. 전기가 들어오지 않아서 밤이면 사람이 석유램프를 켜서 신호를 하는 역이었다. 내가 할 일은 많지 않은 완행열차 손님에게 기차표를 팔고, 해 질 무렵이면 램프를 닦아 석유를 넣고 3미터쯤 되는 신호기에 램프를 거는 일이었다. 그리고 열차가 오고 갈 때, 단선이기 때문에 전철기를 수동으로 작동해 열차가 갈 수 있도록 했다.

낮에 램프를 닦아 놓았다가 해가 지기 전에 미리 등을 걸어두었다. 석유 드럼통에서 호스를 입에다 물고 빨아들이다가 석유가 목구멍으로 넘어가 며칠을 고생한 적이 있다. 높은 신호기에 램프를 걸려고 올라갈 때는 발판이 너무 작아서 두 발을 같이 디딜 수 없었다. 사람이 올라가면 발판이 좌우로 흔들렸다. 위를 쳐다보면 흘러가는 구름이 어지러웠다. 차라리 캄캄한 밤이 나았다. 까마득한 발아래가 보이지 않았으니까. 등을 걸러 갈 때 자전거 길이 임시방편으로 만든 길이어서 비가 오면 씻겨나가 경사진 곳을 서둘러 가다가 넘어져 다친 적도 여러 번 있었다.

기차가 역으로 들어오면 신호기의 불빛은 빨간불로 정지신호를, 파란불로 진행신호를 기관사에게 알렸다. 기관사가 불빛을 확인하고 역으로 들어갈지, 기다릴지 판단한다. 비바람이 불거나 눈보라가 치면 램프 틈새로 바람이 들어가 불이 꺼지기도 했다. 램프를 켜면 꺼지고, 꺼지면 다시 켰다. 눈보라 칠 때도, 비가 올 때도 올라가 램프를 걸었다.

열차가 정거장에 오고 갈 때 꼭 필요한 운전허가증인 통표를 통표걸이에서 가져갈 수 있도록 횃불을 들어주고 어두울 때 완행열차 손님들이 타고 내릴 수 있도록 횃불을 들고 안내하는 일도 신참인 내 몫이었다.

오지의 무등역에서 내 젊은 날은 높은 신호기에 걸려 있는 것처럼 위태롭고 시렸다. 그래도 날마다 신호기에 램프를 걸었다. 멀리 어둠 속에서 램프 불빛은 작은 희망처럼 반짝였다. 내가 밝혀 놓은 불빛을 보며 달려오는 기차를 보면 시린 마음 한쪽이 따뜻해졌다.

점점 일이 익숙해졌다. 비번일에는 혼자 충주에 가서 영화도 보고 역 주변에 있는 인등산, 지등산, 천등산으로 등산을 했다. 산속에서 오디도 따고 머루도 따며 산다람쥐처럼 지냈다. 시간이 지나면서 마을 초등학교 운동회에 가서 맨발로 뛸 만큼 사람들과 정도 들었다.

일 년이 지나 시보기간이 끝나자 나는 고향 역으로 발령을 받았다. 그 뒤로는 그곳에 가보지 못했다. 1970년대 초반에 전기가 들어오지 않는 역이 산척역이었다. 1980년대 충북선 복선전철이 태백선 산업전철로 개통되면서 우리나라 유일의 무등역도 자취를 감추게 되었다.

살아오면서 만난 무등역이 어디 산척역뿐이었던가. 길 위에서 보낸 직장생활도 그만두고 싶을 만큼 힘들 때가 있었다. 건강이 안 좋아 절망하던 때도 있었다. 크고 작은 일이 밀려오고 밀려갔다. 그때마다 산척역에서 보낸 날들이 힘이 되었을 것이다. 과오 없이 정년퇴임을 했고, 아이들도 제몫을 하며 살고 있다. 발밑에 까마득한 벼랑만 있을 것 같았지만 머리 위에 달도 별도 있었음을 이제야 알겠다. 공중에 램프를 걸어 작은 희망의 불씨를 꺼트리지 않았던 그때를 돌아본다. 가슴속에 따뜻한 불빛 하나가 깜빡인다.

생칠

옛날에는 약이 귀할 때라 산이나 들에서 약초를 캔 후 집에서 단방약을 만들어 치료했다. 주로 허리 아픈 데는 우슬과 엉겅퀴를 넣어 단술을 만들어 먹었고, 위장병에는 삽추를 캐다가 가루를 만들어 먹었다. 그중에 위장병에는 특효약이라는 생칠이 있다. 참옻나무에 칼집 내 하얀 진액을 채취해 놓으면 검은색으로 변한다. 이 진액을 콩알만 한 크기로 만들어 놋그릇 중 아주 작은 종지에 넣어 팔러 다녔다. 그래서 파는 단위가 한 종지라고 불렀다.

옻칠은 목기를 만들 때 농을 만들 때도 사용하며 오래 보관할 수 있다고 방송에서 보았다. 생칠은 사람을 죽이기도 하고 살리기도 한다고 하였다. 학교 다닐 때 지각하지 않기 위해 밥만 먹으면 뛰기 시작했다. 조금 뛰다 보면 배가 뒤틀리기도 하였다. 가방에다 도시락을 넣고 다니느라 김칫국물이 흘러 가방, 책, 노트까지 물을 들이고 종이가 부풀어 냄새마저 풍겨 점심을 굶고 도시락을 가지고 다니지 않았다. 학교에서 배가 고프면 물을 마시고, 집에 오면서 구멍가게에 들러 붕어빵을 사 먹기도 했다. 배가 고프니 저녁은 오히려 과식하게 되어 아마 위장병이 생긴 것이다. 직장생활 하면서도 속이 갑갑해 내시경을 보았는데 위가 늘어져 장으로 내려가는 시간이 길어졌기 때문이라고 설명을 해 주었다. 너무 괴로워서 위절제술을 받으려고까지 했다.

그러던 차에 생칠을 팔러 다닌 할머니가 위장 안 좋은데 그만이라고 해서 내심 솔깃해 한 종지를 샀다. 어릴 때 옻 오른 경험이 있어 언제 먹을까 망설이다 1년이 지났다. 너무 오래 먹지 않으면 변질할까 싶어 결단하고 까만 생칠을 달걀노른자에 싸서 먹었다. 먹은 지 2시간쯤 지나니 몸이 떨리고 추워서 결혼할 때 해온 솜이불을 처음으로 꺼내 덮었지만 아무 소용이 없었다. 택시로 병원에 가서 링거 수액을 맞고 응급처치를 받은 후 입원하였다. 테니스를 같이 한 원장님은 좋은 약이 많은데 검증되지 않는 칠을 먹었다고 한심하다고 하였다.

그날부터 가려움증에 시달렸는데 매일 내과에 가서 주사와 약을 먹었지만, 효과는 미미했다. 저녁은 너무 괴로운데 잠을 많이 잤다고 생각하지만 일어나 보면 1시간도 자지 못하는 괴로움의 연속이었다. 온몸이 허물을 벗기 시작해 밖을 나갈 수 없는 지경에 이르렀다. 직장에 나가지도 못했고 20여 일의 병가를 쓴 후 출근했다. 2층 사무실을 올라가면서 다리가 떨려 힘겨울 정도로 고생을 했다. 지금도 그때를 생각하면 몸이 떨리면서 가려움을 느낀다.

그 뒤부터 위장이 좋아졌다고 아내는 말하며 밥을 잘 먹었다고 한다. 내가 봐도 그렇지 않나 생각이 들었다. 위장병을 치료하게 된 동기는 젊은 의사의 조언 덕택이었다. 원장은 대기자가 많아 오래 기다릴 것 같아 시간이 없어 젊은 선생님에게 진찰을 받았다. 위장약을 계속 먹으면 위 기능이 무력해져 평생 약을 먹어야 하고 건강을 유지하기 어렵다고 했다. 살갗에 상처가 나면 자연히 아물듯이 위장도 스스로 치료된다고 하면서 몹시 어려울 때만 복용하고 참고 견디라는 조언이었다.

그 뒤 약을 먹지 않은 결과 위장이 좋아졌고 운동을 열심히 하다 보니 생활에 활력을 되찾았다. 위장병 치료는 생칠을 먹고, 젊은 의사의 말을 실천한 두 가지가 다 효과가 있었을 것으로 생각한다. 요즈음 인터넷 발달과 종편 방송에서 건강프로그램을 쏟아내 무슨 약 또는 식품이 좋다고 매스컴에서 다투어 발표한다. 그런데 한 가지 이상한 점은 외국산 식료품이 만병통치약인 양 소개되고 있었다. 그에 준하는 국산품은 없을까 궁금하기도 하였다.

한의원에 가서 치료받은 적이 있었다. 한의사도 《동의보감》에 옻칠 처방은 없다고 하며 절대로 먹어서는 안 된다고 누차 강조했다. 아무리 좋은 약이라도 검증되지 않는 약이나 식료품은 간을 상하게 할 뿐 건강관리에 해로우니 삼감이 좋을 듯싶다.

앎

몇 년 전 KBS는 크리스마스 특집으로 〈앎〉을 방영했다. 시청하면서 고민을 많이 했다. 이전에도 죽음에 관한 생각을 많이 했지만, 이번 기회에 다시 한 번 죽음을 해결하는 계기가 되었으면 해서다. 나도 6년 전 암으로 수술을 받았기에 가슴이 미어지는 고민을 했던 생각이 떠오르며 동병상련이라 생각도 했다.

"조금만 더 살게 해 주세요." 언어치료사로 일하던 그녀는 주로 장애아들을 더 많이 봤기에 저희 아이들 태어났을 때 손가락, 발가락 열 개가 다 있고 큰 병 없이 태어나고 잘 커 주어 고맙게 생각하며 아무 걱정이 없었다. 그래서 아이들이 가장 행복하게 크는 게 삶의 목표였다고 말했다.

이 집에 어두운 그림자가 드리운 것을 이들은 알지 못했다. 2년 전 자궁경부암을 진단받았으며, 이후 암세포가 난소와 복막으로 전이돼 4기 환자가 됐다. 누구나 그렇듯 처음엔 왜 하필 자신에게 그런 병이 찾아왔는지 화가 많이 났었다고 말한다. 하지만 애들을 위해 항암치료 53회를 받는 동안 갖은 어려움을 참아내며 딸들과 같이 살아가려는 염원의 끈을 놓지 않았다.

'내가 지금 잘못해서 아이들 곁을 떠난다면 아이들이 엄마 얼굴을 기억하지 못하고 살겠구나!' 생각하고, 훗날 엄마를 기억할 수 있도록 함께 짧은 기간이지만 놀이동산도 가고 공원을 산책하며 추억을 쌓으려고 노력하는 모습이 처절했다. 37세의 엄마, 그녀는 죽지 않기를 간절히 소망했다. "우리 작은딸, 큰딸 모두 다 예쁜 여자로 성인이 될 때까지 반드시 제가 가르쳐야 하는데 작은애가 학교에 들어가는 것도 보아야 하고, 큰애 중학교 갈 때 교복을 입혀줘야 하고, 대학교 원서 쓰는 것도, 남자친구 상담도, 결혼식에 초도 켜줘야 합니다. 우리 아이, 아이 낳을 때 같이 호흡도 해줘야 하고, 할 게 너무 많아서 하나님께 그랬어요. 모든 것 다 포기하고 봉사하면서 살테니 애들이 사람 구실 할 때까지만 살게 해주시라고 기도드렸어요. 하나님 제가 낫는 것까지 안 되면 딱 15년만 시간을 주세요."라고 기도를 드렸지만, 기적은 일어나지 않았다.

호스피스 수녀들과 가족이 "주님이 홀로 가신 그 길 나도 따라가오." 찬송가를 부를 때 모두 눈물을 흘렸고 나도 울었다. 병동에서 마지막 가는 길을 가족이 지켜보며 슬퍼하는데 어린 딸들은 덤덤함을 보면서 가슴이 아팠다. 엄마는 어린 딸들을 남겨두고 저세상으로 떠났다. 환자도 엄마가 일찍 돌아가셔 엄마의 자리가 얼마나 소중한지를 알고 있었기에 못 잊고 떠나는 사랑하는 딸들을 남편에게 간절히 부탁하며 눈을 감았다.

구약성경에 15년을 연장해준 사례가 있어 이 처절한 어머니의 기도를 들어 주셨으면 얼마나 좋았을까 되뇌었다. 이번 특집을 통해 삶과 죽음에 대한 막연한 공포, 어린 자녀들을 남기고 세상을 떠나는 말로 다 할 수 없는 극한의 슬픔을 보았다. 생의 끝에서 꽃피운 깨달음, 죽음을 아름답게 받아들이는 방법과 어떤 마음으로 죽음을 맞이해야 하는지도 알았다. 갖은 고통에도 어린 딸을 위해 끝까지 삶의 끈을 놓지 않는 어머니의 숭고함을 보았다.

가족들의 아름다운 이별 장면을 보면서 죽음을 슬퍼만 하지 말고 평온하고 행복하게 보내야 한다는 생각도 했다. 이 분은 평상시 건강을 위해 갖은 노력을 해야 했음에도 소홀히 하지 않았나 생각이 든다. 암 발병 2년 전 발견하여 치료하였으나 항암치료가 잘못되었는지 4기로 넘어가면서 시기를 놓친 점도 아쉬웠다. 눈에 넣어도 아깝지 않은 어린 자식들을 두고 저세상으로 떠나면서 눈을 감지 못하고 떠났다.

이번 특집방송은 시청자들에게 건강검진의 중요성을 일깨웠을 것이다. 또 앎은 암을 알아야 한다는 뜻이다. 그리고 죽음을 앞둔 환자들을 아름답게 돌봐주는 호스피스 병동에서 일하는 분들을 비춰보면서 내 건강은 내가 알고 지켜야 함을 알았다.

외줄 타기

소정의 전, 후반기 훈련을 마치고 광주 상무대에 있는 제2사관학교에 배속되었다. 62주 단기훈련으로 초급장교를 양성하는 곳이다. 부대 도착하자마자 뜨끈뜨끈하고 둥글납작한 큰 빵을 먹이고, 장교 이발소에서 이발을 시켜주었다. 고향 가까운 곳에 왔다는 기쁨도 잠시 이등병들의 눈이 썩은 동태눈깔 같다며 학교장의 지시로 화순 동복 유격훈련장에서 4주간의 훈련을 받아야 한다는 상사의 지시를 들었다.

군용트럭 두 대에 40여 명이 나누어 타고 광주 시내를 벗어나 2차선 비포장도로로 한 시간 반가량 달려 동복 유격훈련장에 도착했다. 가을걷이가 끝난 논밭은 황량하기 그지없었다. 처음 본 훈련장은 3

면이 완전 돌산이었고 초가을쯤이라 으스스한 추위까지 느꼈다. 한편으론 고향의 풍경과 흡사해 포근한 느낌도 들었다.

특별한 군인 한 분을 보았다. 팔 척 장신에 건장하고 덥수룩하게 수염을 기른, 가죽조끼에 지휘봉을 든 멋진 분이었다. 알고 보니 유격대대장님이셨다. 박정희 전 대통령이 군부대 순시 시 특별히 수염을 기를 수 있도록 승인하여 군인 1호로 수염을 기르게 되었다는 설명을 들었다

그곳은 육사생과 보병학교 학군단 생도들이 전담으로 훈련받은 곳이다. 평상시에는 훈련병이 없고 조용하면서도 으스스했다. 이튿날부터 훈련이 시작되었다. 중대장님은 이곳에 온 것을 환영하며 소정의 교육을 이수해 군 생활에 도움이 되길 바란다는 훈시를 하셨다. 조교들로부터 제식훈련을 시작으로 PT 체조, 밧줄 연결하는 법, 쇠고리 연결 사용법 등을 배웠다. PT체조는 10여 가지가 있지만 우리는 위협을 주는 수준이라고 했다. 이는 위험한 본 훈련 준비운동의 일환으로 30여 분 시행했다. 훈련병들은 고되고 어렵지만, 그 속에는 사고 예방의 목적이 있었다.

우리가 4주 동안 받을 훈련 내용은 암벽 오르기, 암벽 뒤로 내려오기, 암벽 앞으로 내려오기, 산과 산을 밧줄로 이어놓은 외줄 건너가기, 두 줄 타기, 수직 낙하 등이다. 이 중 제일 어려운 훈련은 15도 정도의 경사로에 200여 미터 둥근 철선에 도르래를 타고 내려가는 외줄 타기다. 암벽 오르내리기는 우선 바위산까지 걸어 올라가야 한다. 절벽에 올라가면 간담이 써늘해지고 다리가 떨릴 정도다. 여

기서 PT체조가 시작되고 조교가 시범을 보인 후 진짜 훈련이 시작되었다. 높이에 따라 사람이 공포심을 느끼는 정도가 다르다는 것을 알게 되었다.

마지막에 받는 훈련이 외줄 타기다. 군용트럭을 타고 훈련장 있는 곳에 내려 지형에 대한 설명을 들었다. 우선 냇가를 막아 상당히 큰 보가 생겼다. 이곳은 여기저기 돌들이 솟아있어 부딪치면 크게 다치거나 죽을 수 있다고 조교들은 겁을 주었고 내 눈에도 그렇게 보였다. 산 중턱에서 도르래를 타고 내려와 떨어지는 곳이며 수직 낙하까지 하는 훈련장이다. 훈련병들은 산중턱에 올라 제반 설명을 듣고 PT 체조로 몸을 풀었다.

지금까지 받은 훈련 중에서 제일 어려운 훈련으로 여러 명의 교관 조교가 총출동하였다. 한 명, 한 명 산중턱에서 200여 미터로 내려갈 도르래를 잡고 의자에서 발을 떼면 빠른 속력으로 내려가게 된다. 어느 지점에 도달하여 조교가 빨간 기를 올리면 양발을 ㄴ자 모양으로 들고 물에 떨어지는 훈련이다. 그날은 밥을 먹지 않아도 물을 많이 먹어 배가 부른 날이었다. 조교들은 물에 빠져 허우적거리는 우리를 바로 건져주지 않았다. 수직낙하훈련을 마지막으로 유격훈련을 마쳤다. 훈련은 준비가 어렵고 시행은 오히려 홀가분했다.

4주간의 유격 훈련은 담력을 높이고 체력이 좋아져 군 생활에 도움이 되었을 것이다. 어떤 훈련을 했는데 허리가 뜨끔하면서 어려움이 있었지만, 열외는 없이 4주간의 유격 훈련이 끝나고 상무대로 복귀하였다. 동태눈깔이 생태눈깔로 변했는지는 스스로는 알 수 없었다. 훈련을 마친 40여 명은 생도들을 지원하는 생도중대, 일반 업무 지원하는 본부중대와 나는 근무중대 공병과에 배속되어 보일러실에 보직을 받았다.

제2사관학교, 포병학교, 보병학교 생도들의 내무반에 난방을 담당한 곳이다. 근무중대는 병참, 공병, 병기, 화학, 통신 등 7개병과가 모인 곳으로 군무원이 10여 명이 있었다. 무슨 기기 고장이 발생했을 때 근본조치와 공사를 감독하고, 사병들은 응급처치와 보일러 가동과 사무담당을 하였다.

보일러실의 어려움은 추운 겨울에는 1주일에 경유를 24드럼을 소비하는 곳으로 드럼을 옮겨 수작업으로 기름통에 부어야 했다. 손이 깨지게 시리지만 경유라 얼지는 않아서 그래도 다행이었다. 두 사람이 드럼통을 굴리고 통에 부으면서 경유에 손이 시리고 옷을 다 버려 추위에 떨기도 했다.

1년 후 방카씨유로 바뀌면서 호스로 기름통에 넣어줘 그 후로는 어려움이 없었다. 유격 훈련은 몸과 마음이 고달팠지만, 군인정신으로 무장시켜 오늘의 내가 있다고 생각하니 그때가 아련하다.

차장車掌

KBS 〈6시 내 고향〉 텔레비전 프로에서 여차장이 나와 구수한 입담과 재치로 청취자를 즐겁게 하고 있다. 충남 태안군에서는 군내 버스에 20대의 여차장이 아닌 40대의 여차장을 뽑아 제복을 입히고 가방까지 메게 해 관광객을 즐겁게 하는 것을 보았다. 시골에는 버스가 드문드문 있던 때라 비가 오거나 장날이면 사람이 많아 젖 먹던 힘까지 다해서 밀어 넣고 한 손으로 출입문 손잡이를 잡고, 한 손으로 버스를 치면서 '오라이' 해서 출발했다.

그러나 기차 차장은 버스와 달리 하는 일이 많았다. 여객열차의 경우 객차를 단거리는 3~5량, 장거리는 10량(200m의 길이) 이상을 연결한다. 출발 전에 객차의 이상 여부를 점검하고, 열차의 목적지 별

운행 시간을 안내한다. 출발 후에는 승객의 승차권 확인, 무임승차자와 목적지 변경자에게 승차권 발행, 기관사와 역의 근무자와 신호나 무선으로 필요한 사항을 연락하여 사고 예방 활동, 승객의 요구사항을 들어주는 일, 목적 지역에 도착한 후 유실품이 있는지, 기타 시설에 이상이 있었는지 확인하여 도착역에 인계하는 등 책임이 막중하다.

화물열차(비료, 시멘트, 유류, 제철소의 철판 등)의 경우 15량에서 20여 량의 화차를 철판의 경우 광양제철소 역에서 출발하고, 유류, 비료는 여천선 적량역에서 출발한다. 화차에 이상 있을 때 응급조치도 하고 중간역에서 도착화차를 떼고, 발송화차를 붙인다. 여객열차와 교행하기 위해 오래 기다리다 보면 여름은 더위에 땀을 뻘뻘 흘리며 옷 위로 모기에 물렸다. 겨울에는 갈탄을 태웠는데 불이 꺼지기라도 하면 추위에 떨었다. 종착역에 도착하여 담당자에게 화차와 화물을 이상 없이 인계하면 일이 끝난다.

전주–평택을 여행하는 임산부가 갑자기 통증을 느껴 차내 방송으로 다급함을 알리니 산파 경력이 있으신 나이 지긋하신 어머님이 도와주셔서 예쁜 공주가 탄생한 기억도 있다. 그리고 재수가 좋다고 미역 값까지 모금하여 산모에게 전달하는 승객들이 고마웠다. 평택역에 연락한 후 도와주실 분을 미리 수배하여 도움을 준 예도 있어 지금 생각해도 흐뭇하다.

더욱 어려운 점은 운행 도중 여객사상사고(열차에서 뛰어내리다 다치거나 죽은 경우)가 발생하면 차장이 책임을 지고 사고를 수습해야 하며, 경찰서에 2~3회 출두하여 조서를 받는 등 정신적, 신체적인 부담이 매우 컸다. 지금은 자동문으로 바뀌어 열차에서 떨어진 사고는 없지만 고의로 열고 떨어진 경우는 가끔 있다. 모든 역을 승객이 타고 내리는 완행열차의 애환도 많다. 홍익회의 삶은 달걀과 김밥 그리고 익산, 서대전역 승차장의 우동 먹던 추억은 잊지 못한다.

순천-구례-남원역, 순천-벌교-보성-남광주역 간은 어머님들이 자식을 먹이고 가르치기 위해 대야에 생선을 가지고 장사를 다니셨다. 큰 대야를 통로에 놓아 불편과 비린내를 풍겨 여객을 위해서는 단속해야 하지만 어머니를 위해서는 눈감아야 하는 어려움이 있었다. 이로 인해 민원을 받아 경위서도 제출해 불이익도 받았다.

이분들의 고된 일상에서 훌륭한 자식들을 키워냈으며 그 자식들이 어머님의 애환을 알아주는지 모르겠지만 고달팠던 지난 삶을 오늘의 추억으로 이야기를 나눌 것이다. 살아계신다면 무거운 대야를 이고 다녔기에 허리와 무릎 통증으로 고생하시리라 생각하며 어머니 삶도 빗대어 생각이 난다.

차장은 검표만 하는 것이 아니라 객차를 오가며 잡상인 단속, 승강구에 매달린 사람 제재, 정차역 출발 시에는 역과 기관사 간 협조로 열차를 출발시키기도 한다. 완행열차를 검표할 때 작은 역에 정차하면 검표한 칸으로 차장을 비웃기라도 하듯 뛰어내리고 타는 경우가 많았다. 이를 단속하는 것은 검표도 목적이 있지만 사상 사고를 방지하는 목적이 더 크다.

내가 근무한 열차사무소의 근무지역은 경부선, 호남선, 전라선,

경전선을 운행하며, 100여 명의 직원이 순번을 정하여 돌아가면서 일하게 된다. 가는 곳마다 음식 맛이 다르고 종류도 많으나 주로 부산의 경우 아나고회, 꼼장어, 서울은 우족탕, 선짓국, 목포는 머윗대 깻잎을 넣고 끓인 오리탕 등 맛있는 음식도 먹었다. 도착지 휴식 시간을 이용하여 해운대해수욕장, 자갈치시장, 남산, 남대문시장, 목포 유달산, 진주 남강 등 유명관광지도 돌아보기도 했다.

40년 전의 화물열차의 끝에 달린 차장 차에는 등불이 없어 캄캄했다. 휘영청 달 밝은 밤에 혼자서 캄캄한 차장 차에 타고 굽이굽이 내를 지나고 산모퉁이를 돌아가며 주마등처럼 스치는 밖을 바라보며 내 인생을 되돌아 보았다. 눈 덮인 철길 옆 초가집에서 피어오르는 연기를 보면서 하염없는 상념에 잠기기도 하였다. 낭만으로 생각했다면 일하기가 편안하고 좋았을 텐데 그때는 생각할 겨를이 없었다.

명절에 남들은 고향을 찾고 부모님을 찾아뵙지만, 더 바쁘고 고단하며 평소보다 배 이상 힘겹게 보내는 것이 우리의 일상이었다. 그래도 고생을 참고 역으로 전출되어 남원, 전주, 익산역을 두루 거치며 어려운 환경에서 열심히 일한 결과 아무 사고 없이 정년퇴직도 하였다.

지금은 손자도 돌보고, 아내의 가사도 돕고, 취미생활도 하면서 바쁘게 보내고 있다. 한때 직장생활의 고단함을 참지 못하고 중도 퇴직했더라면 노후생활도 어렵고 자식들에게 용돈을 타야 하는 처량한 노인네가 되었을지도 모른다. 꾹 참고 어려움을 견딘 보상으로 연금을 받아 아들, 손자, 며느리에게 용돈도 주고, 외식할 때도 자식들 친구들 눈치 보지 않고 결제를 떳떳이 하고 있다.

지금은 차장 차도 없고, 기관사가 차장의 역할까지 수행한다. 선배들의 보이지 않는 곳에서 묵묵히 일하기에 오늘의 철도가 있다고 생각한다. 1년에 몇 차례 기차 여행할 때 느낀 점은 20여 년 전만 해도 휠체어 장애인이 역에 도착하면 직원이 30분 전 지정한 길을 따라 플랫폼에 도착해 승차시켜드렸다. 지금은 통로에 엘리베이터, 에스컬레이터가 설치되 일반승객과 같은 시간에 움직인다. 장애인도, 노인들도 아주 좋은 환경에서 여행할 수 있어서 상전벽해와 같다. 30년 넘게 열심히 일한 터전이었기에 감회가 새롭다.

친구의 친구

40년 전에 미국으로 이민 간 친구와 그의 친구를 만났다. 그들은 하룻밤을 같이 자며 지난 이야기를 나누고 막걸리를 마시며 회포를 풀었던 모양이다. 친구가 전화로 미국에서 온 친구 부모님 묘소를 찾아야 하는데 시간을 낼 수 있는지 물었다. 흔쾌히 승낙하고 셋이서 그분의 부모님 산소가 있는 전주 인근 구이로 떠나 그 마을에 도착했다.

전주 어느 교회 공동묘지에 묘소가 있다는 것만 아는 그와 그 마을 가까운 교회에 가서 물었더니 2킬로쯤 들어가면 산속에 있는 것 같다고 해서 찾아 나섰다. 차만 한 대 간신히 다닐 수 있는 길을 따라 걷기 시작했다. 다랑논에는 가을걷이를 끝내고 황량함만 보여주었고, 산 밑 작은 밭에는 추수 덜한 곡식이 남아 있었다. 밭에 있는 감나무에 빨간 감들이 주렁주렁 달려 있었다. 그는 미국에는 이런 경치를 볼 수 없다면서 한참을 바라보기도 했다.

다행히 가까운 거리에 교회 묘지를 발견했다. 40년이 지났으니 어디 계신지 몰라 셋이서 묘비를 확인한 후 부모님 묘를 찾아 인사드렸다. 그는 묘지 앞에 서서 마음속으로 동요한 듯했지만, 내색은 하지 않았다.

그는 40년을 미국에서 살면서 하루도 이곳을 잊어 본 적이 없었을 것이다. 외롭고 힘겨울 때마다 부모님을 떠올렸을 것이지만 막상 풀이 무성한 산소 앞에 서서 세상 무상함을 느끼는 듯 보였지만 우리에게는 그런 모습을 보이지 않았다.

산소를 내려오며 특별히 할 이야기가 없어 내가 미국 여행한 이야기를 나누며 여행은 자주 하는지 물었다. 미국에서 살아도 먹고살기 힘겨우면 여행하기 어렵다고 하고 본인이 사는 캘리포니아는 자주 여행한다고 하였다. 적막함을 달래기 위해 가까운 곳에 술 박물관이 있으니 가보자고 제안했더니 좋다고 해 술 박물관으로 향했다. 조용한 산골이지만 어느 단체에서 왔는지 많은 인원이 게임도 하고 행사가 진행되고 있었으며 행운권 당첨 번호를 부르며 상품을 나눠주는 중이라 요란스러웠다.

산 주위에는 오색단풍이 한창이어서 보는 이들의 마음을 뭉클하게 하였으며 저수지를 한 바퀴 돌아 나오는 오솔길이 있어 삼삼오오 사람들이 오갔다. 술 박물관에 도착하니 산골 끝자락에 건물이 웅장하여 도로 가까운 곳에 지었으면 많은 사람이 방문하지 않았을까도 생각했다. 세계 곳곳의 술이 수백 가지가 진열되었으며 막걸리 제조과정을 하나하나 전시해 놓았다. 옛날 밀주라는 술을 집에서 담글 때를 생각하니 온 집안을 술 익는 냄새에 빠지게 했던 생각을 하며 술에 취한 듯했다.

박물관이라 옛날 사용했던 도구들을 다시 볼 수 있어 좋았다. 그는 별말 없이 옛날 향수에 빠지는 듯 보였다. 시음장에 들러 우리 술을 맛보고 돌아 나왔다. 미국에도 크고, 작은 교회가 많으며 타향에서 외로움을 달래려는 방편이었다고 하며 나에게도 교회 다니기를 권했으며 친구와도 오래도록 우정을 나누기를 소원했다.

점심 식사는 인근 식당에서 1등급 한우고기를 먹으며 주위의 아름다운 경치를 보면서 여행했던 이야기며 미국 생활의 즐거움과 외로움을 털어놓았다. 이민 생활의 가장 큰 어려움은 고독이라고 했다. 어렵고 힘든 이민 생활에서 자신의 속마음을 털어놓을 사람이 없다는 것이다. 이 세상에 나 혼자만 있는 것 같고 나이 들어가며 부부관계도 소원해지고 부인들이 미국 생활에 젖어 가정생활이 어렵다고 하였다. 자식도 미국에서 낳고 컸기 때문에 부모와의 관계가 원만하지 못한 점도 한몫했던 것 같다. 그리고 이민자 중 우울증으로 약에 의존하면서 폐인이 된 경우가 상당히 많다고 하며, 좋은 점은 남 눈치보지 않고 살아가는 점이라고 했다

그는 월요일 서울에서 볼일이 있어 가겠다고 했지만, 친구는 한옥마을과 경기전도 보고 하룻밤을 더 자고 가라고 권유하였다. 나는

시내까지 태워다 주고 집으로 돌아왔다. 이튿날 친구에게 전화해보니 그날 저녁 하룻밤 더 묵으며 한옥마을과 경기전, 옛날 뛰놀았던 마을을 돌아보면서 친구와의 마지막 밤을 보내고 이튿날 서울로 떠났다고 한다. 이런 고마운 친구가 있어 한국에서의 며칠이 행복했을 것이다. 내 마음도 덩달아 흡족하였다.

오늘 나는 그와 몇 시간 동안 동행하면서 고향이 그립지만 자주 올 수 없어 부모님 묘소를 찾지 못한다는 자책과 그래도 칠십이 넘은 나이에 마지막으로 부모님을 뵈었다며 뿌듯해하는 모습을 동시에 보았다. 그리고 타향살이의 고단함과 외로움도 보았다.

큰아들

믿음직하고 정감 있는 단어다. 살림깨나 있는 집안이면 괜찮겠으나 못 배우고 없는 집안이라면 부담이 한 짐이다. 언제인지 확실치는 않지만, 민법개정으로 상속재산 분배율이 큰아들, 작은아들, 딸들이 똑같고 배우자도 별 차이 없이 바뀌면서 큰아들과 작은아들 딸들이 재판하는 횟수가 증가하고 송사를 처리할 때는 완전 남남이라 생각하는 사람들을 보았다.

옛적에 큰아들은 부모님의 기대가 컸기 때문에 실망도 컸을 것이라고 생각된다. 큰아들은 가정을 지킨다는 마음에 부담을 안고 살아오며 마음고생도 컸다. 나는 누구든 큰아들로 살아간다는 것이 얼마나 어려운 일인지 알 것 같다. 명절에 각종 제사에 가족들을 책임져야 하고 형제들은 형을 대들보처럼 의지하였었다. 큰아들이 출세하였거나 경제적으로 어렵지 않다면 다행이지만 어렵게 살수록 이 사람 저 사람 눈치보느라 여간 힘들지 않았다. 가뭄에 콩 나듯이 와서 용돈 드리고 대소사 있을 때 얼마간 내는 걸로 자식 도리를 다했다고 생각하고 그걸 고맙다고 하실 때 조금은 서글퍼지기도 했다. 그렇지만 부모님은 알게 모르게 큰아들을 아껴주셨고 사랑해 주셨다. 지금 생각해 보면 그때는 너무 몰랐던 것 같다.

난 장남이라 으레 할 일을 하는 것이고 동생들은 안 해도 하는데 도와줬다고 느낀 것이다. 큰아들로 태어난 것이 죄라고 넘어가지만, 이제는 구시대 유산으로 다 없어질 것이며 역할도 줄어들 것이다. 월급 생활하면서 동생들 결혼시키고 중소도시 집보다 비싼 서울에 전세방 얻어주고, 대소사에 앞장서 챙겼다. 잘된 동생이 부러워 보일 때도 있었다.

먼 친척 장례식장에 가보니 화환이 100여 개가 넘고 부의금은 1억이 넘었다고 할 때다. 사람 마음이 간사하기 그지없다. 돈이 많으면 뭐 해 몸이 건강하면 되지 라고들 하면서도 욕심이 많아서일까. 부러워 보임이 나쁜일까. 돈이란 가족을 화목하게도 하고, 원수가 되기도 하는 요술쟁이와 같다고 생각한다. 없는 집 큰아들은 정말 처신하기 어렵다. 지나고 생각해 보니 무슨 일을 도울 때 찔끔 돕는다면 생색이 나지 않고, 한 번에 서운하지 않을 만큼 도와주어야 기억에 남는다는 것을.

한 가지 동생에게 미안한 마음이 든다. 일이 잘못되어 부도가 났을 때 확실히 도와주지 못해 항상 그 생각이 가슴에 쌓여있다. 애들 둘 대학에 다니니 어쩔 수 없는 형편이었지만 변명으로 생각했을 것이다. 그 뒤에도 동생은 서운했다고 말하지 않았다. 오히려 내 맘이 더 불편했다.

부모는 자식이 내리사랑이라 작은아들을 더 사랑하고 무엇이든 더 주고 싶어 함이 부모들의 마음일 것이다. 그런데 다는 아니지만, 부모 모시는 데는 뒷전이고 남들처럼 모른 체하는 경우도 종종 있음을 보았다. 씁쓸한 생각도 들었다. 같이 사는 며느리나 아들에게는 잘한 것이 있어도 칭찬이 인색한데 작은아들이나 딸이 선풍기 한 대 사오면 그날 동네방네에 소문이 퍼진다. 어느 책에서 읽었는데 같이 사는 식구들에게 잘하라는 내용인데 사람들은 그 고마움과 괴로움을 모른 체한 경우를 종종 보았다.

가정마다 다르겠지만 아내 보기에 미안할 경우가 한두 번이 아니었다. 어려운 가정에 시집와 지금까지 뒤처리만 하다 보니 하고 싶은 것도 해보지도 못했다. 남의 뒤만 따라가면서 살아왔으니 할 말이 없다. 큰아들 없었으면 제사는 누가 지낼까 지나가는 말로 들었는데 집안일은 등한시한 경우를 빗댄 말이다. 남들이 다 끼는 다이아몬드 반지가 무엇인지도 모르고 살았다. 퇴직 기념으로 반지를 선물했다. 아내보다 내 마음이 흡족하였고 홀가분하였다.

형제도 결혼 전에는 잘 지내다가 결혼하면 더 멀어지게 된다. 1년 가야 안부전화 한 통 없는 경우도 있으나 오히려 아무 말이 없다는 것이니 고맙게 생각한다. 부모님 돌아가신 지 오래되었지만, 서운했던 말을 하곤 한다. 나는 미안한 마음이 든다. 이 점을 생각하며 작은아들에게 형에게 잘하라고 가끔 말해준다. 내가 말한다고 하고, 안 한다고 안 할 아들이 아니지만 귀담아들으라고 한 말이다.

세월이 많이 흐른 뒤 생각해 보니 아버지도 어려운 시절에 태어나 큰아들로 살면서 온갖 괴로움과 설움을 당하면서 한평생을 사셨지만 알아주는 사람이 있었을까. 내가 출세해서 부모님을 편히 모시지 못해 죄송하기만 하다. 나도 힘들게 살아왔기에 남들이 힘든 것도 이해하게 되고 내가 고통스러웠기에 괴로움에 신음하는 사람들의 고통도 함께 느낄 수 있다고 생각한다.

아파보지 않은 사람은 그 아픔을 모른다. 평탄한 삶을 살아온 사람은 굴곡진 삶을 이해하지 못할 것이다. 그렇다. 지금까지 큰아들로 산 세월이 고단했기에 나는 큰아들에게 짐을 지워주지 않으려 노력하지만, 아들의 생각은 어떤지 모르겠다.

3부

숨고르기

건망증일까, 치매일까

의술의 발달로 지금 40대는 100세를 넘긴다는 통계를 보았다. 운이 좋아 60세에 정년을 한다고 해도 40년을 더 살아야 하니 건강과 경제력이 받쳐주지 않으면 사람에 따라서는 끔찍한 재앙이 될 수도 있다. 내 아는 이의 어머니가 69세에 혈압으로 반신불수가 되고 치매증상으로 요양병원에서 10년을 보내고 올 여름에 응급실에서 2개월가량 고생하다가 돌아가셨다. 본인은 물론 가족도 어려움이 컸을 것이며 오래 사셨다고 한들 삶의 의미가 있었을까.

5년 전 친구의 엄마가 치매로 고생하신다는 말을 듣고 병문안을 갔었는데 나를 알아보지 못하셨다. 가끔 아들과 며느리도 알아보지 못할 때가 잦다 보니 가족들의 괴로움이 이만저만 아니었을 것이다.

집에만 계시면 좋을 텐데 밖으로 나가서 집을 찾지 못하시니 파출소에 신고해서 백방으로 찾아 나서는 횟수가 잦다고 했다. 그 어려움이 파출소는 파출소대로 가족은 가족대로 컸다고도 했다. 친구가 얼마나 가슴이 아프고 괴로운지 체면 불구하고 식사자리에서 큰 소리로 우는 모습도 보고, 하소연을 여러 번 들어준 적도 있는데 정말 치매가 무서운 병인 줄 그때 알았다.

우리 삼촌께서는 심하지는 않으셨지만 아마 숙모님이 먼저 돌아가신 후유증이 아닐까 생각도 했다. 치매로 가족들에게 많은 고통을 주었으며 2년 고생하시다 돌아가셨다. 평소에는 아무 증상이 없다가 갑자기 다른 말을 하시고, 시계 모으기에 주위 사람을 괴롭게도 하셨다. 치매는 사람에 따라 특징이 있는 것 같다.

요즈음 부쩍 기억력이 나빠지면서 어디를 가려고 이것저것 챙기지만 자동차 키, 아니면 모자, 지갑, 통장, 우산 등 한 가지씩 빼먹어 다시 집으로 되돌아온 횟수가 늘어가니 걱정이 된다. 은행 일을 보러갈 때에도 통장이라고 가져갔지만 막상 일처리를 하다 보면 다른 통장일 때도 가끔 있다. 그리고 정신은 희미하고 깜박깜박하는데 외울 것은 점점 늘어 간다. 아파트 출입문, 현관문 비밀번호, 통장 비밀번호, 컴퓨터 비밀번호 등 한두 가지가 아니니 가끔 캄캄해질 때 난감하다.

더욱 황당한 점은 직장동료나 후배를 만날 때 이름을 불러주고 다정히 악수를 해야 하는데도 헤어진 뒤에야 생각이 나니 그분에게도 미안하고 고민이 크다. 이 정도면 괜찮은데 입안에서 뱅뱅 돌기만 하면서 물건은 머릿속에서 그려지는데 입으로는 튀어 나오지 않으니 답답하고, 또는 전혀 생각이 나지 않고 머리가 멍해지면서 백지 상태일 때도 한두 번이 아니다.

보기 싫은 사람이나 귀찮은 일 등은 생각나지 않으면 좋으련만 오래 기억되어 내 마음을 아프게 하는데 정작 필요한 것들은 순간 생각나지 않고 깜박거리는지 모르겠다. 건망증이 심해지면 치매가 된다는데 그 무서운 치매에 걸린다고 생각하면 몸이 오싹하고 떨린다.

나도 건망증인지 치매인지 모르겠지만 치매 예방에 그림 그리기가 좋다고 해서 8년 전부터 아크릴물감으로 그림을 그리고 있다. 전문가가 아니기에 작품이 형편없지만 1년에 1~2회 정도 전시회가 열리는데 출품도 하고 있으며 집에서 틈틈이 그린다. 학원에 나가서 지도를 받다 보면 우선 잡념이 없고, 시간 가는 줄을 모르니 좋다.

건강을 위하여 20여 년 동안 새벽에 일어나 헬스장에서 유산소 운동과 근력운동을 병행하고 있다. 또래의 사람들과 같이 운동하면서 세상 돌아가는 이야기도 듣고, 모임도 만들어 식사도 하면서 대인관계도 늘려가고 있다.

음식도 직장생활 때문에 빨리 먹는 버릇이 지금도 남아 있는데 한 번 먹으면 숟가락과 젓가락을 식탁에 놓고, 30회를 세어가면서 씹기도 하지만 자꾸 목구멍으로 넘어가는데 참으면서 횟수를 늘리고 있다. 또한 음식도 골고루 먹으면서 건강에 신경 쓰고 있으니, 기억력을 되돌릴 수는 없겠지만 더 나빠지지는 않을 것으로 믿는다.

문학이 무엇인지 모르지만 전북대 평생교육원에 등록하였다. 30

여 명의 문우들과 공부하다 보면 건망증도 극복하고, 치매 걱정도 멀어지지 않을까 생각한다. 인터넷에서 좋은 내용의 글도 발췌해서 읽어보고 월 1회 퇴직자 모임에 프린트 하여 전달해 준다. 전주시와 평화도서관에서 주관하는 인문학 강의를 들으면 마음도 편안하고 머리도 맑아져 일석이조가 되었다. 가끔 집에서도 영화를 볼 수 있지만 아내와 같이 가까운 영화관에 가서 영화를 보면 분위기가 바뀌어 좋다.

건망증은 감정의 변화 폭이 작고 지금 순간에 잠깐 기억이 나지 않더라도 한참 지나면 기억이 난다고 한다. 하지만 치매의 경우에는 계속 생각하려 해도 기억이 안 나고 주변에서 상기시켜 이야기 해줘도 기억하지 못한다고 한다.

건망증 때문에 절망할 필요는 없는 것 같다. 젊은이는 젊은이대로 복잡한 세상 적응하느라 망각하고, 노인들은 늙어가는 뇌세포 때문에 말이나 행동이 실수가 잦다. 5분 전에 들었던 말이나 약속은 작은 노트나 전화기 메모장에 적다 보니 습관이 되어 실수가 줄어든다. 나이 먹어가면서 자연스럽게 오는 현상을 거부할 수도 없고 건망증을 친구처럼 생각하면 마음이 편안할 것 같다.

가슴앓이

돌아가신 어머니가 오늘따라 보고 싶다. 내 고향 마을은 농토가 부족하고 밭들은 자갈이 많고 산그늘, 나무 그늘 때문에 수확이 적어 근근이 살아가는 곳이었다. 그래도 내가 어릴 적엔 머슴이 두 명 있었는데 조부님께서 상당한 논밭을 물려주셔서 부족함 없이 살림을 꾸리셨다는 이야기를 들었다.

아버지는 조부님이 여덟 살에 돌아가셔서 동생들 공부와 뒷바라지 하시고 오랫동안 마을 이장을 하셔서 한정된 수입에 지출이 많다 보니 가세가 점점 기울었다. 4 · 19 혁명 이후 지방자치단체 시행으로 면의원 제도가 생겨 출마하여 당선되었지만 5 · 16 쿠데타로 그만두셨다. 그때의 선거는 고무신, 빨랫비누를 가지고 선거운동을 하였다. 가는 곳마다 막걸리가 판을 쳤던 선거로 논밭이 줄고 큰 집에서 작은 집으로 이사하셨는데 초등학교 시절이다.

그 무렵 면 직원, 지서 순경이 하루거리로 마을에 출장한 관계로 점심을 집에서 대접하면서 어머님의 노고가 이만저만이 아니셨다. 반찬거리를 준비하는데 지금과 같이 마트가 없으니 항상 노심초사 하셨다 6 · 25사변 무렵 아버님이 이장이라 국군과 빨치산들이 하루거리로 마을을 헤집고 못살게 굴 때도 어머님은 어려운 과정을 잘도 넘겼다는 이야기를 들었다.

아버지는 집안일을 별로 안 하시니 어머니 몫이 되어 품앗이도 하시고 주로 삯꾼을 사셨다. 한여름 뙤약볕 아래서 호미로 잡초를 뽑다 보면 땀방울은 눈으로 스며들고, 돌부리에 손가락을 다치기도 하셨다. 밭을 매실 때, 논일 하실 때도 혼잣말로 들릴 듯 말듯 노래인지 넋두리인지 읊조리는 모습을 가끔 보았다. 그때는 세상 물정을 몰라 어머니의 마음을 헤아리지 못했다.

어머니는 남다른 길쌈 솜씨가 있어서 명주, 무명, 삼베를 올 한 올 뽑아 짠 후 물들여 식구들 옷을 해주셨으며 초등시절에는 양복도 만들어 주셨다. 명주 베와 무명 베는 점점 없어지고 삼베는 오랫동안 지으셔서 오일장에 내다팔면 다른 사람보다 높은 가격을 받았으며 자식들 학비와 가용으로 보태셨다. 삼베를 만들기 위해서는 삼 씨를 뿌리고 가꾸는 여러 과정을 거친 후 베틀에 올려 북으로 씨줄을 날줄로 엮으셨다.

특별한 수입이 없으니 봄, 가을에 누에치기하면서 밤잠을 설치실 때도, 세상살이가 어려웠는지 노래인지. 혼잣말로 잠을 쫓으셨다. 어머니는 옛날 팔았던 번듯한 논밭과 시집와 고생고생하시며 지은 큰 집을 지나실 때도 속 아파한 것을 나는 옆에서 보았고 이야기를 들었다.

여러 가지 힘겹던 가정사로 애간장이 녹아 가슴앓이를 오래 하셨는데 한번 발작하면 음식을 드시지 못하고 며칠씩 고생하셨다. 좋다는 약도 드시고 닭이나 개 머리에 옻나무 껍질을 넣어 여러 번 달여 드렸지만 차도가 없으셨다. 어느 때인지는 모르지만 늘그막에 좋아지셨는데 약을 드시고 좋아졌는지 마음이 편안해 좋아졌는지는 모르겠다.

17세에 시집오셔 눈이 잘 보이지 않는 홀시어머니 밑에서 시집살이하시고, 아버지는 어려서부터 집안일을 모르시니 한평생을 일만 해서 허리가 아파 고생을 많이 하셨다. 큰 병원에 입원했지만 시기를 놓쳐 치료해 드리지 못했다. 우선 고통을 해결해 드리기 위해 이름난 곳을 찾아다녔지만 치료하지 못하고 진통제성 임시처방만 받았다. 큰자식을 얼마나 원망하셨을까. 나이 들어 이곳저곳 아프다 보니 자꾸 어머니 생각이 난다.

막내아들이 심장마비로 20세에 세상을 떠날 때도 마음고생이 크셨다. 본인이 들일도 하시고 다른 일에 몰두하며 잊으셨다고 하였다. 마음잡고 있을 때 위로한다고 아들 이야기 꺼냈을 때 다시 가슴이 아팠다는 말씀을 들었다. 그 무렵 부모님 의견으로 영혼결혼식을 성사시켜 조금이나마 홀가분하셨을 것이라고 느꼈다.

어머니는 내가 가끔 집에 가면 마루에 앉아서 이야기를 나누며 내 자식들만은 형제간에 우애하고 서로 도우며 살 줄 알았다고 푸념을 하셨다. 어떤 언짢은 말을 들으셨는지 여쭙지는 않았지만 큰자식의 잘못이라 여겼다. 글을 쓰며 어머니를 생각해서인지 자꾸 꿈에 보이셨다. 어떤 사람들은 부모님이 꿈에 보이면 언짢은 일이 생긴다는데 나는 부모님 꿈을 꾸는 날은 기쁘고 좋은 일만 있었다. 아마 지금도 큰아들을 보살펴주고 있다는 증거라고 생각한다. 어머니 생전에 형제간에 우애하고 협조하라고 하신 말씀을 지켜가고 있다고 말씀드리고 싶었는데 꿈이라 말씀드리지 못했음이 아쉬웠다.

오래전 저녁 늦은 시간에 어머니가 위독하시다는 아버지의 전화를 받았는데 전화를 바꾸셔서 저녁에 오면 위험하니 밝은 내일 오라고 하셨다. 이 말씀이 나와의 마지막 대화였다. 어머니는 돌아가실 때까지 자식이 다칠까 봐 사랑을 베푸시고 가셨다. 자식 도리를 하지 못해 어머니를 생각하면 나도 모르게 가끔 눈물을 흘린다.

늦깎이 친구

친구란 가깝게 오래 사귄 사람이다. 나이가 비슷하거나 아래인 사람을 낮추거나 친근하게 이르는 말이기도 하다. 친구 하면 초등학교 다닐 때 격의 없는 친구가 있다. 학창시절 맺은 친구, 남자라면 생사고락을 같이했던 군대 친구, 직장, 또는 사회생활 중에 헤아릴 수 없는 과정에서 친구가 맺어진다. 그중에는 고향이 같고 초등학교 6년을 다녔던 친구가 격의 없이 만날 수 있는 친구라고 한다. 내가 아는 친구는 10여 년 전 아르바이트 하면서 알게 되었다. 처음에는 과묵하고, 얼굴은 항상 부티 나서 같이하기 어려운 사람으로 생각했었다. 귀가 여느 사람보다 커 부처님 귀를 닮아 복이 많고, 목소리가 좋아 목사 하면 잘할 것이라고 말하곤 했었다.

사회활동을 많이 하여 JC 지역 회장, 라이온스 회장을 한 인연으로 고향 친구, 조직 친구, JC, 라이온스 친구 요소요소에 너무 많고 특히 후배들이 챙기고 잘 따랐다. 전주시 회장을 역임하며, 일본 JC와 자매결연으로 매년 일본지역을 오가며 상호 협조하는 모습을 볼 때 내가 살아온 과거와 너무나 대조적이어서 부럽기만 하였는데 지금은 친구가 되었다.

자녀는 1남 2녀이고 서울로 유학하여 좋은 직장에 다니며, 사시사철 부모님을 대하는 자녀들의 모습을 볼 때 정말 복 받은 분이라 생각한다. 젊어서 사회단체 경력으로 여러 가지 일들을 접하여 문장력이 좋으며, 특히 큰일 처리를 잘한다. 탁월한 능력을 인정받아 70 나이에 사회단체 전라북도 사무처장으로 일하니 부럽기만 하다. 전북과 경북이 1년에 한 차례씩 상호 방문하여 2천여 명이 모여 영 · 호남 국민화합 행사를 하는데 특별한 일이 없으면 현장 사전답사도 같이 하면서 타협도 한다. 큰 행사를 아무 탈 없이 치르는 것을 볼 때 존경스럽다.

그러나 한 가지 장점인 듯 단점은 불의는 못 보는 스타일이다. 인도에 주차한 차는 아무리 바쁜 일이 있어도 그냥 지나치지 않고, 버스정류장에서 흡연을 목격하면 예외 없이 지적하고 시비가 크게 벌어질 경우 경찰서에 전화해서 처리해야 직성이 풀린다. 동행하면서 시간에 쫓기기도 하고 난처한 때가 여러 번 있었다. 작은 일이라도 꼼꼼히 처리하고 두 번, 세 번 확인하니 담당자나 상대방은 피곤하다고 생각할 수도 있지만 지나고 보면 아무 탈 없이 끝나니 고마울 따름이다.

가족은 돌아가신 아버님이 선생님을 하셨으며, 형님 두 분은 교장으로 퇴직하셨다. 동생은 대학교수, 조카들도 검사를 비롯 요소요소에 직장생활 잘하고 있으니 나와는 태어난 곳부터 다르고, 가정생활도 대조되지만, 친구가 되어 기쁨이 아닐 수 없다. 형제간에 우애가 돈독해 대학교수로 재직한 동생이 가끔 토요일이면 내려와 점심도 같이 먹고 마음에 드는 옷도 사주어 본인도 좋아하고 물론 나도 너무나 부럽기만 했다. 젊었을 때 JC 인연으로 오랜 세월 동안 설, 추석 명절에 상당히 큰 용돈을 전달해주는 친구가 있는데 항상 회사를 같이 다녀올 때마다 보통 인연이 아님을 새삼 느꼈다.

나는 솔직히 내놓을 것이 없지만 퇴직 후 알게 되었다. 사회생활에 대하여는 초등 수준이고, 대인관계도 별반 없으며 직장동료나 아는 정도다. 그런데도 스스럼없이 나를 잘 대해주고 또 하던 일이 서툰 점은 도움도 받아 너무 고맙게 생각한다. 가끔 친구는 별 볼일 없는 나를 부러워할 때도 있는데 무엇 때문인지 알 수가 없다.

아르바이트할 때 10년 이상 같이 점심을 먹었고, 퇴직 후 특별한 일이 없으면 매주 일요일 저녁을 먹으면서 세상 돌아가는 이야기로 꽃을 피운다. 오늘은 내가 밥값을 내면 다음은 친구가 사고, 그중에 생일이나 축하할 일이 생기면 한턱을 내는 사이다. 혹시 집안 행사가 있으면 일요일 저녁을 피한다. 지금은 전북대 평생교육원에 다니면서 더욱 사이가 돈독해지고 문학기행으로 일본여행까지 같이 다녀왔다. 나는 전화를 안 하는데 무슨 일이든 전화해서 물어보고 챙긴다. 항상 고마운 친구다.

불러보고 싶었던 호칭

아버지가 계신 집 애들은 아버지의 고마움을 알지 못한다. 어느 가정이나 아버지의 역할의 중요함은 아들에게 사람이 살아가면서 어떤 일을 하고 어떤 일을 해서는 안 되는지를 행동으로 보여주신다. 나도 아버지의 그늘에서 아무 걱정 없이 살아왔다. 어렸을 적에 가난을 벗어나지 못한 어느 산골의 가슴 아팠던 이야기다.

이를 위해 특별한 돈벌이가 없으니 마을마다 소 장수가 몇 명은 있었다. 이들은 마르고 볼품없는 진드기가 더덕더덕 붙어있는 소를 남해에서 사 왔다. 진드기는 콩만 한데 손으로 떼면 떨어지지 않았다. 소의 가려운 곳을 긁어주고 털갈이할 때 쓰이는 쇠빗으로 긁어야 떨어졌다. 그때 발로 밟으면 붉은 피가 솟았다. 그 집 자식들은 꼴을 베어 나르느라 고생을 했다. 사람도 먹기 힘든 곡식을 꼴과 섞어 소죽을 끓여 살찌운다.

이들은 오일장이나 소 시장에 내다 파는 방법이나 되파는 수법으로 돈을 버는 사람들이다. 그때는 꼭두새벽에 일어나 소 두 마리를 앞뒤로 몰고 다니기도 하고 어떤 이는 황소에 받혀 죽은 사람도 있었다. 들리는 말에 의하면 노름을 하여 거덜난 사람도 있다고 하고, 전국 큰 우시장에서 숙박하는 곳마다 각시를 몇 명 거느린다는 이야기도 있었다. 이 중에 조 씨는 숨겨둔 아들이 있다는 이야기가 돌았다. 아마 술김에 자랑 삼아 한 이야기가 떠돌지 않았나 생각된다.

어느 날 키가 팔 척이고 장사처럼 손발이 유독 커서 옛날 말로 장군감이 조 씨를 아버지라고 찾아왔다. 동네가 시끌시끌했다. 이 사람은 키나 얼굴이 조 씨를 빼닮았었다. 내가 보기엔 우락부락하지 않고 순진해 보였으며 남을 속이려는 인상은 아닌 것으로 보였다. 그 무렵 농촌에는 힘이 세더라도 할 일이 별로 없었다. 작은 다리를 놓은 공사나, 저수지 준설공사 정도였다. 그때는 돈으로 주지 않고 밀이나 밀가루를 주었다.

그는 신안에서 뱃일도 하고, 농사일도 했다는 소문을 들었다. 그가 할 일은 기껏 천수답 몇 마지기를 농사짓는 일이었다. 그 무렵 머슴을 살면 쌀을 열다섯 가마는 받을 수 있었다. 그러나 상머슴은 기운도 세고 집안일을 계획하는 능력도 겸비해야 했으니 할 수 없는 일이다. 이 사람은 소주 큰 병과 안주 없이는 안 먹는다는 소문이 났다. 뱃일 하면서 일상으로 먹은 버릇 때문일 것이라고 미루어 짐작했다. 그때 임자도에서 우리 마을에 오려면 새벽에 나서도 하루에 올 수 없는 거리다.

1개월쯤 지나 부인과 자식들까지 데리고 와 방까지 얻어 살림을 시작했다. 조 씨는 소 장수도 그만두고 아들을 도와줄 형편이 못 되었다. 임자도는 섬이긴 하나 규모가 커서 바다 일도 하고, 농사일도 하면서 벌어 먹고살기에는 아무 걱정이 없었다는 이야기를 들었다. 그 사람이 온 뒤로 본처는 아들이 생겨 좋겠다는 인사를 동네 사람들에게 들으면서 어리둥절했을 것이다. 자기 아들보다 나이가 몇 살 많았으니, 동생도 형님이 생겨 좋겠다는 말과 오빠가 생겨 든든하겠다는 인사를 좋은 의도로 생각지 않았을 것이며 비아냥거린 소리로 들으며 속이 상했을 것이다. 그러나 찾아온 아들은 아버지와 식구들을 소중하게 여기며 받아들였다.

농촌에서 할 일은 먼 산에서 땔감으로 낙엽을 긁어모아 묶어서 지게로 지져와 팔기도 하고, 삼판이 끝난 지 오래되어 절반쯤 썩은 뿌리 부근을 도끼로 패서 가져와 파는 일 정도였다. 우리도 몇 번 땔감으로 샀었는데 어머니는 기운이 장사라 작은 돌까지 지고 왔다며 푸념 섞인 말을 들은 적이 있었다. 얼마 후 피서로 임자도를 다녀왔다. 배에다 승용차를 싣고 가서 돌아보았다. 우리나라에서 제일 길다는 대광해수욕장과 그 외 여러 곳을 다녀봤다. 아마 면 소재지쯤 될 것 같은 곳으로 항구에 배도 많았고 살기 좋은 곳이었다.

아마 조 씨도 다른 곳으로 가지 않고 다시 자기가 태어났던 곳에서 살고 있지 않을까 상상해 봤다. 그는 남들은 다 있는 아버지 없이 살아온 설움을 참으며 살아왔던 세월이 한없이 괴로웠을 것이다. 얼마나 아버지를 불러보고 싶었을까를 생각하면 감격스러운 일이지만 살아갈 형편이 어려웠다. 그러나 이것쯤의 어려움은 아버지를 불러보는 것으로 이겨냈을 것이며 조그만 고난쯤은 희망으로 여겼을 것이다.

아버지를 찾았다는 반가운 마음은 헤아릴 수 없었지만, 논이라고는 천수답 댓 마지기와 산비탈 밭 몇 마지기로 열심히 일하면 밥은 먹고 살 수 있다. 자식들을 공부시키기엔 턱없이 부족한 상태인지 알면서도 아무 불만 없이 잘 살았다. 좋은 농토는 2-3km 정도 나가야 있다. 조 씨는 요령은 다소 떨어지지만, 기운이 세서 보리타작 후 보리 가마와 가을 걷이를 위한 볏단을 옮기는 데 인기가 많았다. 몸은 고달프고 괴로웠지만, 동네 사람들과 유대관계가 좋아지는 계기가 되었다. 그렇지만 농촌 일이란 허리가 꼬부라지도록 일은 하지만 크게 좋아지지 않은 살림살이였다.

오래된 일이라 모두 잊었지만, 가끔 고향에 가서 동네를 돌아 나오다 그 집터를 보면 그의 생각이 문득 날 때가 있다. 아버지란 자식들의 울타리였고 존경의 대상이었다. 비록 돈이 없어 어렵게 살아가지만, 아버지 없이 살아온 세월이 한이 되어 자신의 바람막이로 여겼으며 존경의 대상이었을 것이다. 몇 년을 살았는지 모르지만 내가 객지로 직장 따라다니다 보니 아버지도 죽고 가족들이 객지로 나가면서 같이 떠나지 않았나 생각했다. 아버지 없는 설움이 컸기에 어떤 어려움도 이겨내며 살았던 그 사람을 생각하며 아버지의 고마움을 되새겨 보았다.

숨고르기

바쁘면 돌아가라는 옛말이 있다. 이 사람은 초등학교만 나왔지만 성공한 사람. 어머니가 일찍 돌아가시고 아버지도 가난하니 재혼을 못 하신 집안의 둘째 아들. 외갓집인 우리 집을 자주 와서 외숙모를 어머니처럼 따랐던 사람. 키가 크고 미남으로 말재주가 있었던 청년. 어릴 때는 공사판에서 심부름하던 소년으로 괭이, 삽, 곡괭이도 사 나르고, 월급이라곤 밥 먹여 주는 정도의 보수를 받았던 소년. 시간 날 때마다 외갓집을 찾아오면 놀지 않고 마당이나 고샅을 깨끗이 청소한 사람이다.

60년대 초 농촌에서 살기가 어려우니 너도 나도 서울로, 서울로 올라갔다. 군대 다녀와서 이분도 외삼촌 한 분과 서울로 돈벌이를 나가셨다. 처음에는 어떤 화랑에 소속되어 긴 병풍을 등에 짊어지고 다니며 병풍을 사라고 외쳐야 했었지만, 소리가 작아 며칠을 헛일을 했다고 하였다. 그러나 이 길이 살길이라고 단단히 마음먹으니 창피하지 않았다는 말을 들었다. 이후 실력이 쌓여가며 재미를 붙여 실적이 날로 늘었으며 헌 그림을 줍기도 하고, 싸게 사다 이름 있는 작품이면 손질해서 되팔기도 했다고 하였다. 군 제대하고 서울 구경을 갔을 때 큰외삼촌 아들이니 친하게 대해주고, 이런저런 이야기를 해주었다.

집에 갔더니 한옥으로 그렇게 좋아 보이지는 않았다. 그러나 1년 난방비로 등유 20드럼이 들어가는 아주 좋은 집이란 걸 알았다. 내가 서울에서 유명한 중식 식당에서 먹었던 메뉴는 해삼잡탕밥이었다. 얼마나 맛있게 먹었는지 집에 와서 사 먹어 보니 그 맛이 아니었다. 지금도 그 맛을 잊지 못한다.

형님은 나에게 어떤 그림이나 중요한 물건을 살 때 전문가처럼 아는 척하지 말라는 충고를 주셨다. 비싼 물건이 혹시 가짜일 수도 있을 때 내가 전문가처럼 말을 했다면 가짜일 때 자존심 때문에 선뜻 나서 환불하기가 어렵다고 하셨다. 나는 전문가가 아니니 다음에 착오가 있으면 거리낌 없이 환불이나 교환을 요구할 수 있다고 말하라고 하셨다. 즉 나는 어디 가서 허세 부리지 말라는 이야기로 이해했다. 옳은 말씀이다.

항상 부지런하고 자기 할 일은 깔끔히 마무리하며, 실적도 좋았다고 한다. 화랑에게서 일한 사람이 여러 명 있었지만 아마 장사수완이 출중했던 모양이다. 화랑 주인은 이분의 앞날을 예측했던지 자기 아들보다 이분에게 가게를 물려주는 그런 사람도 보았다. 그 후 승승장구하여 인사동 화랑에게서 이름만 대면 다 아는 유명인사가 되었다.

초등학교만 나왔지만, 대학 졸업생 이상으로 유명하셨다. 고향 초등학교에 동상을 희사하고 고을에서 어려운 사람들도 혜택 안 본 사람이 없었다고도 들었다. 형님과 동생에게도 좋은 집을 지어주고 논과 밭을 사주신 분. KBS 〈진품명품〉에 감정사로 출연해 명쾌한 해석으로 모두의 부러움을 받았고 실력을 인정받은 사람이다.

그동안 별 어려움 없이 사셨지만, 부인이 먼저 가시고 10여 년 동안 2남 1녀는 좋은 직장 다니고, 여우살이 다 시키니 한숨을 돌리셨다, 혼자 외롭게 살아가는 것을 안타깝게 지켜본 주위 친구 분들의 권유로 결혼을 생각했던 것 같았다. 그러나 자식들의 반대로 속이 많이 상하셨는지 한참 사회생활할 즈음 스스로 아파트에서 투신해 저세상으로 가셨다.

어느 날 돌아가셨다는 전화를 받고 조문을 갔다. 별일 없이 조문을 다녀왔는데 이후에 들리는 말로 자살했다는 이야기다. 소나기는 피해가라는 말이 있다. 시간을 갖고 애들을 설득하든지 생각을 달리 했다면 지금까지 자식들과 행복하게 잘 살 수 있었을 것이다. 어릴 때부터 고생만 하다 편안한 세상을 살지 못하고 가신 그분이 가엾고 마음이 아팠다.

어머니가 없이 자라서 장모님을 친어머니처럼 모시고 서울에서 좋은 아파트도 사드리고 처남들도 대학까지 보냈다는 소식을 들었다. 가정사를 정리하지 않고 가셨기 때문에 수십억이 넘는다는 재산분배과정에서 상당한 잡음이 있었다는 이야기를 들었다. 내가 안 그분이 살아계셨다면 사회에 좋은 일을 하셨으리라 생각했다.

누구나 죽음은 예측하지 못한다. 미리미리 대비해야 하지만 예외 없는 죽음이 더러는 있다. 이제는 그분을 생각하며 죽음을 금기로 생각지 말고 삶의 연장으로 보고 대비해야겠다.

우리 각자에겐 운명의 추가 지배하지 않나 생각한다. 우리의 삶은 불행과 행복 사이를 수없이 왔다 갔다 하는지도 모른다. 행복의 끝에 다다르면 다시 불행 쪽으로 움직이고, 불행이 너무 커서 좌절한 위치까지 오면 다시 행복 쪽으로 서서히 움직이는 추와 같다. 인생길 굽이굽이마다 추가 좌우로 움직여 준다.

잠깐 숨 고르고 미루다 보면 모든 일이 해결되는 것을 보았다. 이분도 너무 성급한 결정을 하지 않고, 숨 고르기를 하지 못한 점이 안타깝다. 그러나 마음을 추슬렀다면 지금까지 자식들과 행복한 노후를 보내고 계실 텐데 그분을 생각하면 마음이 짠하다.

어리석은 도둑

산골 마을의 아침은 해가 더디 뜬다. 그 시절 젊은이들은 참외, 수박 등을 서리하는 풍습이 있었다. 그러나 과하지 않으면 책망하지 않았고 타이르는 수준이었다. 그런데 모내기가 끝나고 땅 맛이 들 즈음 산골의 조용한 마을이 이른 아침에 소동이 일어났다. 동네 갓집에 새벽쯤 소가 없어져서다. 동네 사람이 모여 궁리를 해보았지만 뾰쪽한 대안이 없을 터, 지서에 신고하니 순경들이 나와서 현장 점검을 하는 것을 숨죽이고 보기만 했다.

근근이 살아가는 가난한 마을에 소 한 마리면 전 재산이라 할 수도 있다. 이 소를 잘 키워 애들 학비도 마련해야 하고, 산비탈 밭떼기라도 사서 보태려던 소가 없어졌으니 큰 낭패가 아닐 수 없었다. 삼베 짜서 오일장에 내다 팔기 위해서는 새벽에 마당의 빨랫줄에 걸어 둔 후 아침 이슬을 맞힌 뒤 다리미로 다려서 상품 질을 높인다. 가끔 누구의 짓인지는 모르게 없어지는 일이 생겼다. 방앗간의 쌀을 훔쳐 가기도 하고 이웃 산골 마을의 토종 꿀통을 통째 떼어갔다는 소문이 났다. 언제는 다 익은 복숭아와 사과를 따갔다는 소문이 났는데 그 마을 사람들은 우리 마을 청년들의 짓이라고 생각했을 것이다

도둑은 앞에서 잡아야지 뒤에서 잡는다면 애꿎은 청년들만 욕을 먹고 앞일에 지장을 줄 수도 있어서다. 마을의 하루는 길고도 길었다. 별의별 헛소문이 난무하고 소 주인은 몸져누워 병원으로 실려 가고 삼삼오오 모여 애먼 사람만 의심했기 때문이다. 다행히도 마을의 소문은 잠잠해졌다.

이튿날 소도둑을 잡았다고 동네 사람들이 삼삼오오 모여서 속삭이는 모습을 보았다. 아마 경찰에 신고하니 전국적으로 전통이 가서 잡은 모양이다. 들은 말에 의하면 군인이 소를 몰고 가면서 반듯한 길로 가지 않고, 다리 밑으로 가는 것을 의심해 주민이 신고해서 덜미가 잡혔다고 한다. 그때가 여름이라 마을 모정에서 동네 어르신들은 물론 아이들까지 별의별 이야기가 나돌았다.

그분의 가족들은 쥐구멍에라도 들어가고 싶은 심정이었을 것이다. 친구 형은 정기휴가를 왔다 귀대하면서 무슨 긴급히 쓸 돈이 있었는지 모르지만, 앞길을 생각지 않은 큰 사고를 낸 것이다. 이를 감행하기 위해 여러 번 현장을 답사했을 것이며 5일, 9일이 장날이라 그날을 디데이로 잡았던 것 같다. 그때 나는 어렸지만 아들이 도둑

질했는데 아버지가 밀대 모자를 푹 눌러쓰고 고개를 숙인 채 경찰과 같이 지서를 오가는 모습을 보았다. 어린 마음에도 도둑질은 나쁘다는 생각과 하지 말아야 한다고 생각했었던 것 같다.

뒤로는 동네에서 무엇이든지 잃어버리면 상추밭에 똥 싼 개가 되어 그 사람의 짓이라고 미리 짐작해 그 집 자식들을 의심하고 괴롭을 받았었다. 그들은 온갖 수모를 겪어야 했고 떠도는 소리에 가슴이 미어졌을 것이다. 한 사람의 잘못으로 그 식구는 물론 온 동네가 뒤숭숭하고 실체 없는 소문만 난무했다. 그 후 몇 년이 지나서 친구 부모님이 돌아가신 뒤 하나둘씩 보이지 않더니 군 제대 후 객지에서 직장생활 하느라 드문드문 들르다 보니 언젠가 모두 이사하고 없었다.

친구 형은 군 교도소에서 징역을 살았고 불명예제대를 했다는 소식을 들었다. 어떤 이는 돈을 많이 벌어 떵떵거리며 산다는 이야기도 돌았다. 또 죽었다고도 소문이 났지만 확실한 것은 아무도 모른다는 점이다. 동네 누구한테 물어보면 알 수도 있겠지만 특별한 일도 아니어서 물어보지도 않았다.

그 뒤로 지금까지 친구 형은 보지 못했다. 자식이 도둑질했는데 아빠가 무슨 죄가 있다고 조서를 받고 다니면서 얼마나 가슴이 아프고 창피했을까. 지금도 그 집 앞을 지나면 옛일들이 주마등처럼 스치지만, 그 일을 아는 사람은 아무도 없을 것이다. 지금 내 아들들이 너무 정직하게 잘 커 줘서 고맙게 생각하며 50여 년이 지났는데도 친구 아버지 모습이 아른거린다.

웃는 영정사진

사람은 누구나 다시 못 올 죽음을 두려워한다. 그러나 장례식장을 나오면 나는 아니라는 듯 잊어버리고 만다. 조문을 가면 영정사진 앞에 선다. 상주를 보기 전 영정사진을 바라보며 험난한 세상에 태어나 호강은 하셨는지, 어렵게 살다가 이렇게 허망하게 가셨는지를 눈으로 대화를 나눈다, 다른 사람을 조문할 때에도 칙칙한 옷에 검정 톤의 영정 앞에 서면 이분이 어떤 세상을 살았는지 알 수가 있다. 험한 풍파를 겪었는지 행복한 삶이었는지는 사진에 나타난다.

내가 아는 집안 어르신이면 지금까지 고생하셨고 문중을 위하여 노력하신 점도 말씀드리면 나에게 열심히 살아라. 고향도 자주 들르고 조카들도 다독여 문중을 잘 이끌어 가라는 말씀으로 듣는다. 아주 모르는 분이라도 힘겹게 세상을 사셨으니 아픔과 슬픔, 눈물이 없는 천국에 가셔서 행복하게 사시라는 기도를 드린다. 동료라면 한 발 빨리 가니 좋은 자리 잡으면 곧 따라가겠다는 말을 남긴다. 옛날에 어르신들의 말씀 중에 친구가 돌아가고 나면 내 차례구나 생각한다는 말씀을 들었는데 요즘은 나도 친구들이 한 사람씩 가고 나면 그런 생각을 하게 된다.

몇 년 전 나이 어린 조카가 갑자기 세상을 떠났을 때 영정사진을 준비하는 데 상당한 애로가 있었다. 살아오면서 여러 장의 사진을 찍었지만, 막상 영정사진을 할 만한 사진이 없었다. 보통 영정사진은 입을 굳게 다물고 근엄한 표정의 사진들이 많다. 그래서 나는 살짝 웃는 사진을 미리 준비하였다. 아마 조문객들도 슬퍼하지 않을 것이다.

부모님 영정사진은 본인들이 한복을 입으시고 마을 단위 공동으로 만들었다고 하셨다. 부모님은 윤달이 있는 해에 나와 아내를 부르고 동네 어르신들이 모여 하루 동안 본인들이 직접 짜신 삼베로 수의를 준비하셨다. 이는 우리 마을의 전통이다. 장례식장에서 사면 나일론이 섞여 썩지 않아 좋지 않다고 하시며 지으셨다.

그리고 그때 남은 삼베를 지금도 보관하고 있다, 어쩌면 내 차지가 될지도 모르겠으나 나는 필요가 없을 것 같다. 지금은 자기가 입었던 마음에 드는 양복을 입고 떠나는 사람을 보았기 때문이다. 곧바로 화장할 몸뚱이를 유난 떨 필요가 없다고 생각한다. 매장할 때는 썩지 않는다고 해서 진짜 삼베를 원했지만, 지금같이 화장한다면 아무 거리낌이 없다고 생각해서다.

누구나 영정사진을 찍으려고 사진관에 가서 카메라 앞에 섰을 때 무슨 생각을 할까. 틀림없이 당신들의 장례식 장면을 상상했을 것이다. 지금 찍은 이 사진이 영정사진으로 쓰이고, 많은 사람이 이 사진을 보고 슬퍼할 것이라는 그런 생각. 그러나 나는 아무 생각이 나지 않았다.

우리도 지금부터 자식들에게 자연스럽게 죽음에 관한 이야기를 나누며 너무 슬퍼하지 말라고. 이야기해 보면 어떨까. 우리들의 태어남이 축복이었다면 죽음 또한 축복이었으면 좋겠다. 한 가지 고민은 다치거나 병으로 주변 사람들의 신세 질 일이 염려되고 두렵다. 아프리카 어느 나라는 70세가 넘어서 죽으면 동네잔치를 3~5일간 한다고 한다. 이는 그 나라의 풍습이겠지만 우리나라도 이렇게 풍습을 만들어 가면 좋을 것 같다.

장례식장에서 밴드를 초청해서 상주는 부모님 전 상서란 유행가를 부르며 조문객들을 울리는 모습을 보았다. 그러나 이 상주는 평소에 불효한 마음을 달래려 했는지 아니면 효도했다고 조문객들에게 알리려는 것인지 알 수 없지만 큰 실수를 한 것 같다. 부모님 초상 시 희희낙락할 수는 없지만, 너무 슬퍼할 필요가 없다고 나는 항상 생각했다. 존엄한 죽음은 조용한 가운데 경건함을 유지함이 좋을 것 같다. 조문객을 불러들여 화투를 치고 술에 취해 못 볼 것을 본다면 장례에 찬물을 끼얹은 것 같을 것이다. 가족끼리 조용한 가운데 엄숙히 치렀으면 하는 바람이다.

영정사진을 조선 시대에도 사용했다는 기록을 보았다. 황희는 임금에게 사람들이 영정을 모시고 제사를 지내지만 수염이나 머리털 하나라도 같은 경우가 드물다고 하며, 영정을 모시고 제사 지내는 것은 이미 딴사람이라고 온당치 못한 처사라고 했다고 한다. 남자는 미리 그려둔 초상화로 영정을 사용했지만, 여자들은 내당에서 생활하며 기회가 없어 사용하지 못했다고 한다.

영정사진은 시대에 따라 변해간다. 요즘은 젊은이들이 최악의 취업난에 지쳐 많은 것을 포기하고 있다. 삶의 막다른 골목에 이를 때 힘을 다시 내려고 영정사진을 찍는 경우가 늘어나고 있다는 기사를 보았다.

상가에 들러 바라보는 영정사진. 그것은 남의 사진이 아니라 어쩌면 나 자신의 사진과도 같다. 언젠가는 내 사진도 그 자리에 걸리게 될 것이라는 씁쓸한 마음이다. 영정에 쓰인 사진은 분명히 살아있을 때의 모습이나 그것 또한 검은 리본이 드리워진 쓸쓸한 죽음의 얼굴이다. 죽음이 삶의 결과라면, 내 삶을 지금이라도 되돌아봐야겠다.

베드로의 삶

요즘 우리 주변에 개인주의가 팽배해졌다. 사회현상이 자기주장만 하고 다른 사람의 말에는 신경 쓰지 않고 듣지도 않는다. 어린 학생들이 담배를 피워도 타이르지 않고 그냥 못 본 체한다. 봉변을 당할지 모르기 때문이다. 사회지도층이나 어른이면 나쁜 일은 저지시키고 가르쳐야 당연하지만 그리하지 못함이 어른들의 고민이다.

베드로는 평생을 갈릴리호수에서 고기를 잡아 생계를 꾸리는 베테랑 어부였다. 어디다 그물을 쳐야 고기가 잡힐지 꿰뚫고 있는 어부다. 저녁 내내 한 마리도 잡지 못하고 아침에 그물을 걷는 중이었다. 이때 30대 생면부지 젊은이가 그물을 깊은 곳에 던지라고 했다. 베드로는 아무 말 없이 깊은 곳에 그물을 쳤다. 아마 나 같으면 욕하면서 정신 나간 사람이라고 화를 냈을 것이다.

만일 젊은 사람의 말을 듣지 않고 욕하면서 그냥 돌아갔다면 그물이 찢어질 정도의 고기를 잡지 못하였을 것이고 예수의 제자가 되지 못했을 것이다.

우리는 나와 상관없는 사람이 내 일에 간섭하거나 참견하는 것을 대부분 싫어한다. 더구나 내가 하는 일에 전문가라면 가소롭게 생각하면서 싸움이 될 수도 있다. 그런데 베드로는 평생을 어부로 살아왔으며 전문가지만 그는 자신의 부족함을 인정하고 겸손한 자세로 타인의 말을 듣고 실천한 점이 우리의 본보기가 되었다.

요즘은 누구나 남의 말을 들으려 하지 않는다. 혹시 환자가 길바닥에 쓰러져 매우 급한 상황이라도 내 일이 아니면 무관심하게 지나간다. 대부분 사람이 상관하지 않는다. 정부포상이 없다고 해도 의협심이 강하여 죽음을 무릅쓰고 직접 뛰어들어 해결하는 분들은 LG 의인상을 받은 분들이 많았다. 그러지만. 잘못해서 죽은 사람도 있었다. 물에 빠져 살려달라는 아우성에도 선뜻 뛰어들지 못하는 것이 사람의 마음이다.

젊은 예수는 내 일같이 참견하였다. 예수의 이러한 태도는 오늘을 사는 우리에게 꼭 필요한 덕목이라 생각된다. 무슨 일이든 내 생각대로 되는 일은 없다. 베드로는 겸손한 사람으로 생면부지의 예수와 인연으로 사람을 낚는 어부가 되어 예수의 수제자가 되었으며 어려움이 있었겠지만, 사람을 구원하는 일로 세상을 살아왔으며 순교하였다.

이탈리아 로마에 산골 한적한 곳에 작은 베드로 성당이 지어졌다. 오늘날 세계 제일의 성당이 지어졌으며 실내에도 며칠을 돌아도 다 볼 수 없는 박물관이다. 천지창조, 노아의 홍수 그림을 보기 위해 밖에서 한 시간가량 설명을 들었지만, 실내에 들어가서는 사람이 많아 움직이지도 못하고 사진 촬영도 못 하니 고개만 젖히고 멍하니 보기만 했었다. 아마 베드로는 사람 볼 줄 아는 선견지명이 있었던 것 같다. 결국, 12인의 제자 중 가장 유능한 예수의 제자로 박해를 받으면서 순교하여 오늘날까지 그 명성이 전해오고 있다.

우리나라 일본 유학생이었던 이수현 씨가 술에 취해 전철로 떨어진 일본인을 구하려다 일본인 한 명과 3명이 모두 숨졌다. 일본 신문들은 일제히 이 씨의 의로운 죽음을 살신성인이라며 1면에 주요 기사로 보도했고 방송들은 속보로 사고 상황을 자세히 전했다. 만일 일본인들이 이 일을 별 상관하지 않았다면 개죽음이라고 말들이 많았을 것이다.

어떤 단체에서는 적극적으로 홍보하여 영화도 만들고 책을 내고 대대적으로 홍보가 되었다는 뉴스를 보았다. 단체에서 모금하여 장학회를 만들어 지금까지 여러 사람에게 전달하면서 이수현 씨의 숭고한 정신을 알리고 있었다. 우리나라 그분의 모교에도 흉상을 세우는 등 업적을 기리고 있었다. 이는 살신성인 정신을 일본인들도 외면하지 않고 의인으로 홍보한 결과라고 생각한다. 우리도 이처럼 옳은 일이면 죽음을 무릅쓰고 참여하는 자세가 필요하다.

친한 친구 한 분은 의협심이 너무 강해 오히려 장점이 단점인 듯

하다. 건널목에 불법 주차된 차량은 아무리 바빠도 전화해서 옮기게 하고, 안 되면 경찰서에 전화해서 견인한 후에 끝난다. 다른 사람이 보기에는 의협심이 강하다고 하겠지만 혹시 상대가 난폭한 사람이라면 큰 봉변을 당할 수도 있다. 그렇다면 본인만 손해를 볼 수 있다.

나도 편의점 앞을 지나는데 고등학생쯤 된 학생이 담배를 사달라고 부탁을 하였다. 속이 상했지만, 봉변을 피하려고 타이르고 지나쳤는데 기분이 언짢았었다. 친구처럼 당찼다면 혼을 내든지 어떤 조치가 있었을 것인데 속이 상했다. 베드로와 젊은 예수와 같이 남의 말도 들어주고 어려운 상황에 부딪힐 때 기꺼이 조언도 하는 마음가짐이 부러웠다.

천둥소리

워싱턴 근교에서 새벽 4시에 일어나니 켄터키산맥과 애팔래치아 산맥이 100~200m로 낮은 구릉지로 나무들이 많았다. 일부 고목들이 쓰러져 그대로 있고 간간이 작은 공장들이 보였다. 대형버스는 7시간 만에 미국령 나이아가라 폭포에 도착했으며 15일간 미국여행 중 가장 인상 깊었던 곳이다.

처음 폭포를 측면에서 볼 때 낙차와 물 떨어진 광경이 물안개가 자욱하면서 딴 세상에 온 것 같은 느낌을 받았다. 안개 속의 숙녀호를 타기 위해 입장권 구매, 비옷 수령하고 배에 올라 캐나다 폭포를 보았다. 천둥소리가 들리고 낙차와 떨어진 물의 양을 보고 또 한 번 놀랐다. 40여 분 동안 폭포의 주위를 돌면서 물안개가 소나기처럼 쏟아지기에 우의를 썼으나 옷이 흠뻑 젖었지만 모든 승선자들의 탄성을 들으며 싫지 않은 구경이었다.

여운이 가라앉지 않았다. 젯보트를 1시간 정도 탔다. 폭포에서 내려오는 물살을 이용해 거슬러오르기도 하고 빠르게 늦게 속도를 조정해 지금까지 느껴보지 못한 스릴 넘치는 맛을 보았다. 물은 양도 풍부하고 깨끗해 수력발전소를 운영해 미국과 캐나다가 나누어 활용하였지만 지금은 범위가 축소되었다고 했다.

캐나다 입국수속은 미국 입국수속을 확인하는 선에서 간단히 끝났고 캐나다령 나이아가라 폭포에 도착해 보니 미국령보다 낙차, 물량, 폭이 2배 이상 컸다. 해가 질 무렵이라 이곳저곳에서 무지개 나타나고 관광객이 많아 사진 촬영이 어려울 정도였다.

아이맥스 영화관에서 폭포 기원과 주변에 일어났던 사건, 사고와 설화를 바탕으로 한 줄거리 영화 50여 분 동안 관람했다. 나이아가라는 인디언 말로 천둥소리를 내는 물기둥이라고 한다. 전설에 의하면 나이아가라에 천둥의 신이 있는데 이 신이 그 들의 삶을 구제해 주며 폭포 소리를 신의 음성으로 믿었다.

비가 많이 오는 계절에는 폭포의 물소리가 더 크게 들려 신이 노한 것으로 여겼다고 한다. 그래서 신의 노여움을 달래고 자기들을 지켜달라고 마을에서 가장 예쁜 처녀를 물보라 속에 던지는 의식을 치렀다는 전설이다. 공교롭게 추장의 딸이 뽑혀 도망 나와 폭포에 빠져 죽었지만 죽지 않았다고 믿으며 폭포 아래쪽으로 가면 그 여인의 모습이 희미하게 보인다 해서 안개 속의 숙녀호라는 이름이 지어졌다고 한다.

저녁 먹고 야간관광으로 236미터 높이의 스카이론 타워에 올라 폭포의 야경이 조명과 어울러져 너무 아름다웠다. 호텔방에서 폭포를 직접 내려다볼 수 있어 언제라도 볼 수 있도록 몇 차례 동영상으로 촬영해 두었다. 간접조명 속에서 가마솥에서 수증기가 오르는 모습처럼 장관이었다.

새벽의 폭포 모습은 물안개가 그 주위를 가랑비처럼 내렸고 아침 햇살에 비친 폭포는 또 다른 모습을 연출하였다. 남은 시간을 이용하여 와인농장을 돌아보았다. 스페인 멕시코인들의 후예로 고생 끝에 이룬 결과라고 했다. 모든 이민사에 자기의 말과 글을 잃어버리면 성공하지 못하고, 말과 글을 유지한 민족은 성공했다고 한다. 예로 우리나라의 멕시코와 미국 이민을 들었다.

점심은 1시간에 한 바퀴 도는 236m 높이의 스카이론 타워에서 스테이크와 연어구이로 맛있게 먹었다. 타워에서 내려다보는 폭포가 각도에 따라 미국령 폭포와 캐나다 폭포를 견주며 각기 다른 풍경을 보았다.

한 가지 특이한 점은 향기가 각기 다른 꽃나무를 심어 시각장애인들이 꽃구경을 하는 독특한 화원을 보았다. 미리 꽃 별로 향기를 맡게 해서 화원에 들어가 냄새를 맡으며 꽃구경을 하는 모습을 보면서 선진국의 장애인 사랑을 다시 확인하는 계기가 되었다.

땅이 넓어서인지 고층 건물이 드물고 놀이시설이 눈에 띄었다. 각종 나무들이 무성한 골프장을 보았다. 끝이 보이지 않는 복숭아농장에는 연분홍 꽃들이 흐드러지게 피어 있고, 복숭아 나무 사이 통로에는 노란 민들레꽃 군락들이 정말 아름다웠다.

해진 운동화

내 고향은 두메산골로 동서 북쪽이 큰 산으로 막혀있다. 비탈진 중턱에 자리 잡아 농토가 모자라고 논농사도 3~4킬로 정도 나가 지어서 곡식을 거둬들인다. 내가 다녔던 초등학교는 집에서 2킬로쯤 되는 거리에 있었고 각 학년이 1개 반으로 분교 수준의 학교였으며 지금은 노인 병원으로 사용되고 있다.

비가 많이 내리면 냇가에 다리가 없어 학교에 가지 못한 때도 있었고 겨울에는 눈이 많이 내려 무릎까지 쌓였으며 냇물이 땡땡 얼고 버들가지에도 고드름이 주렁주렁 열렸다. 날씨가 유독 추워 떨면서 다녔는데 옷이 부실한 탓이었으리라. 눈이 많이 내릴 때는 뒷동산에 올라가 비료 포대로 썰매를 탔고, 옷이 젖어 추워 떨면서도 해 질 녘까지 탔던 기억도 있다. 중학교는 이십여 리 떨어진 곳으로 다녔다.

어머니는 아침부터 농사일을 하시느라 밥이 늦을 때도 있어, 지각하지 않기 위해 매일 뛰었다. 도시락 반찬이 넘어서 가방과 책, 노트까지 지도를 그려 부풀어 오르고 냄새까지 나기 때문에 점심을 굶고 도시락을 가지고 다니지 않았다. 등교 때는 산비탈을 돌고 돌아 계속 내려가는 길이라 시간도 단축되었지만, 집에 오면서는 반대로 쉬엄쉬엄 오면서 배가 고프니 붕어빵을 사 먹기도 했으며, 논밭에 가꾸어놓은 밀, 보리를 구워 먹었고, 무를 뽑아서 먹기도 했다. 오이, 가지를 따 먹고, 밭에 고구마도 캐 먹었으니 배가 불러 한가하게 놀기도 하면서 집에 들어갔다. 지금 생각해 보면 내가 위장병으로 고생했던 것은 그때 점심을 굶고 저녁을 많이 먹은 결과가 아니었을까 생각을 가끔 한다.

그때 도로는 마을 별로 장소를 정해 냇가에서 자갈을 지게로 져다가 부었다. 버스가 지나갈 때 먼지가 많이 나서 멀리 피하기도 했다. 가끔 발바닥에 물집이 생기기도 했으며 자갈이 버스 바퀴에서 튀어 종아리를 맞아 열흘 넘게 고생했다. 초등학교는 검정 고무신, 중학교는 검정 운동화가 유행이었으며, 검정 고무신을 아끼기 위해 양손에 한 짝씩 들고 뛰었으니 발바닥이 아팠다. 양말을 신지 않아 땀이 나서 미끄러져 고무신을 신을 수 없는 때도 있었다.

책은 보자기에 싸고 어깨나 등에 메고 다니면서 책을 빠뜨린 적도 종종 있었다. 중학교는 자갈길로 이십여 리가 넘게 걸어서 다니므로 검정 운동화는 열을 정도 신으면 배가 늘어지기 시작해, 한 달이면 새 운동화로 갈아 신었는데 쪼들리는 살림에 차마 말씀드리지 못했다. 교복도 단벌이라 여름에는 저녁에 세탁해서 아침에 입어야 하니 어머님도 고단하셨다. 동복도 단벌이니 눈보라가 치는 날이면 속옷까지 젖어 추위에 떨며, 울면서 집에 돌아온 적도 있었다.

어느 날 아버지가 친척 집에 다녀오면서 조금은 해졌지만 보기에는 멀쩡한 운동화 한 켤레를 가져와서 꿰매어 신어 보니 푹신거리고 걸어 다니기가 아주 편했다. 아마 요즘 같으면 메이커 운동화라 할까. 그 이튿날 학교에 신고 갔었는데 동네 반 친구가 "너 우리 큰집 허드레로 신은 운동화 같다"며, 여러 친구 앞에서 이야기하는 바람에 창피했다. 그 일로 속이 상했지만 떨어질 때까지 아끼면서 잘 신었던 기억이 생생하다. 지금 생각해 보면 창피할 일도 아니고 그때 생활이 다 쪼들리고 어려웠으니 흠도 아니었는데.

내 아들들은 그때를 생각하면서 메이커 신발도 사주고 교복도 맞춤복으로 사 주었으며 한 벌이 아닌 두 벌로 세탁하기가 편하게 해 주었다. 나도 나이 들다 보니 의복이 날개라고 아내가 메이커를 사줘 고맙게 생각하고 백화점에 가면 아내 옷도 서로 고르고 사기도 한다.

우리 집에도 운동화와 구두가 신발장에 가득하니 어렵던 시절을 잃어버려서가 아닐까 생각한다. 요즘 아이들이 옛날을 생각할 필요는 없겠지만 그래도 어렵던 시절을 이야기해 주면 이해하지 못한다. 그것은 당연한 일이다. 가난하여 쪼들린 시절을 살았지만, 우리 세대 모두가 부모님 말씀 잘 듣고 고생하면서 열심히 살았기에 오늘의 발전이 있었다고 믿는다.

4부

여운

고향 우물

우물가에는 오래된 향나무들이 늘어서 있었다. 비가 오나 눈이 오나 가뭄과 홍수에도 그 양이 변하지 않았다. 함석으로 지붕을 만들어 비나 눈이 와도 걱정이 없는 곳이다. 깊지 않아서 두레박을 쓰지 않고 바가지로 물을 퍼 올렸다. 어느 정도 물이 차면 구멍으로 흘러 빨래터에 저장되었고, 여름에는 차갑고 겨울에는 따뜻한 물을 유용하게 사용하였다.

이곳은 물이 모이고, 여자들이 모이고, 말들이 모이고 수군거림이 모이는 곳으로 어느 마을에나 있을 법한 이야기가 나도는 곳이다. 우리 마을과 이웃 마을까지 모든 소식이 이 우물에서 전해졌고 때론 헛소문도 이곳에서 만들어져 다툼이 있기도 한 곳이다. 동네의 아가씨들과 과수댁의 사랑 이야기도 이 우물에서 시작되어 점차 동네로 퍼져 나갔다. 어머니들은 만 가지 사연을 풀어놓았고 마을 대소사나 온갖 슬픈 이야기와 행복했던 이야기까지 일어나고 사라지기도 한 곳이다.

한여름에 어머니들이 등물 할 때는 가슴을 드러내 놓고 시원하게 씻어 내렸고, 밤이면 식구들이 나와 등물을 했던 곳이다. 해거름이면 저녁밥 지을 보리쌀을 씻었고 부추, 열무, 푸성귀를 씻었다. 힘겹게 일했던 피로를 수다로 날려버리고, 모내기와 보리 베기의 날짜와 품앗이 일정도 다 여기서 이루어졌다.

바로 옆에는 항상 물이 흐르는 도랑이 빨래터로 애용되었다. 연로하신 어머니들과 새색시들까지 거리낌 없이 이야기꽃을 피웠다. 이 곳을 출입할 수 있는 남자는 물지게로 물 길러 오는 사람과 청소할 청년 몇 명뿐이다. 가끔 한여름에는 어린 아들을 데리고 나와 등물을 하는 경우는 종종 있었지만….

아무리 좋은 우물도 한 열흘이 지나면 파란 이끼가 끼고 보리쌀이나 곡식들이 빠져 보기가 흉해 청소를 했다. 마을 청년 너덧이 물을 퍼내고 몽당비로 벽과 바닥을 싹싹 문질러 때를 벗겨내면 깨끗해져 마음까지 맑아졌다. 이때 어느 정도 우물이 차면 흔들리며 내 모습을 환이 비춰 주었다. 어머니들은 좋은 일 했다며 칭찬해주셨다.

이 우물은 신성한 곳이다. 어머니들은 새벽에 일찍 일어나 물을 길어와 성주신에게 떠 놓고 집안의 안녕을 비셨다. 내 어머니도 물 길러 가셔서 누가 왔다 갔는지 샘 모서리를 더듬어서 물방울이 떨어졌는지 확인했다는 말을 들었다. 마을에서 제일 먼저 물을 길어와 가정을 지키고 싶은 마음이셨을 것이다.

산골이라 샘을 파지만 물이 나오지 않아 물지게로 물을 퍼다 큰독에다 채우는 것이 일이었다. 사람이 먹고, 소죽을 끓이고, 돼지 구정물을 만들어 주어야 하기에 많은 양의 물이 필요했다. 나도 처음 물지게를 배울 때 양을 적게 하여 물의 흔들림과 발을 맞췄다. 그럴 때 물이 허실되지 않았고 쉽게 걸어갈 수 있었다.

우리 마을은 평지가 아니다. 어머님들은 샘에 오실 때 항상 물동이와 바가지, 똬리를 가져오셨다. 바가지로 물을 퍼 담고 출렁거림을 방지하기 위해 물 위에 바가지를 띄웠다. 머리에 똬리를 얹은 후 끈을 입에 물고 물동이를 이고 발걸음을 할 때 물이 출렁거렸다. 흘러내린 물을 한 손으로 물동이 손잡이를 잡고 한 손으로 흩뿌리며 물을 길으셨다. 경사진 곳을 오르내릴 때는 힘겨워하였고 겨울에 눈이 오거나 추울 때는 미끄러져 다치기도 해서 고생을 하셨다. 옹기 물동이는 무거워 함석 물동이가 나왔다, 이때는 머리 닿을 밑면이 평편해 똬리 없이는 머리에 얹을 수가 없었다. 한복을 입고 물동이 손잡이를 두 손을 올려서 잡으면 가슴이 다 보였지만 아무 흉이 되지 않았다.

농번기를 제외하고 이른 새벽부터 어둑어둑할 때까지 우물은 쉼없이 길러지고 어머니들이 드나들었다. 때론 왁자지껄 사랑방이 되었고 쑥덕쑥덕 풍문의 발원지가 되었다. 한편 각종 채소나 감자, 고구마를 씻으러 나오면 누구 집이 농사를 잘 지었는지, 못 지었는지도 다 아는 곳이다. 우물물은 마을의 생명수였으며 이 우물물을 마시며 내가 자랐고 동네 사람들도 같이 자랐다. 300여 년 넘게 60여 가구를 먹여 살렸다.

그 무렵 동네에 처녀총각이 많았다. 은연중 좋지 않은 소문이 났었다. 누구네 아들과 누구네 딸이 일가간인데 나쁜 짓을 했다는 소문이다. 이럴 경우 우물에다 소여물을 뿌려야 한다고 했으나 뿌렸다는 소문은 듣지 못했다. 아마 소문은 고약하게 났지만 나쁜 일은 없었거나 속으로 묻혔던 것 같다.

아무리 샘물이 넘쳐도 명절에는 물이 딸려 연로하신 어머니는 물을 퍼 올릴 수 없는 때도 있었다. 이때는 집에 온 아들, 딸들의 몫이 되기도 하고 우물에 있던 젊은 새댁의 몫이 되었다. 우물에 잡귀가 범접하지 못 하도록 섣달그믐, 대보름, 추석명절에는 풍물꾼들이 샘굿을 울리는 풍습이 있었다. 이 때문인지 우물도 동네 사람들도 아무 탈이 없었다.

마을에 간이 상수도가 놓이면서 몸은 편안해졌다. 편한 대신에 서로 나누는 소식이 늦어지고 점점 줄어들었다. 이 샘터에서 꽃피었던 이야기들이 지금은 마을회관에서 알차게 전해질 것이다. 옛날 붐볐던 우물터는 굳게 잠겨있었다. 사용하는 사람은 없지만 지금도 마을을 지켜주고 있을 것이다. 옛날 어머니들의 이야기가 귓전에 울리는 듯하다. 한여름에 집에서 생수를 마실 때 가끔 고향의 시원한 우물물이 생각나곤 했다. 나는 그 우물을 사랑했다.

가엾은 인생

아침 일찍 전화벨이 울렸다. 확인해 보니 작은댁 큰사위였다. 통화한 지가 1년이 넘었는데 무슨 일일까 궁금했다. 내용인즉 장모님이 편찮으시다는 연락이다. 그 사람의 장모님은 바로 나의 숙모님이다.

통화를 마치고 생각해 보니 우리 집안에 유일한 어른이신데 혹시 돌아가실지 모르겠다는 생각이 들었다. 그래도 살아계실 때 한번 뵈어야겠다는 생각에 병문안을 가기로 했다. 버스 시간을 조회해 보니 아침 시간이고 평일이라 한산해 터미널에서 승차권 구입 후 출발했다. 수필을 읽어볼까 하고 책을 챙겼는데 이 생각 저 생각하면서 세상 구경하다 보니 몇 편 읽지 못했다. 내가 어릴 적 이웃집에 살면서 동생과 초등학교를 사이좋게 다녔던 일, 동네 식구들이 모두 모여 할머니, 할아버지 제사 지낸 일들이 생각났다. 품앗이해서 농사짓던 일, 즐겁고 슬펐던 일들이 주마등처럼 스쳐 지나갔다.

친정 동생분이 인천에서 성공하여 그 끈으로 이사를 하셨다. 숙부님 살아계실 적엔 생필품 도매상도 하셨으나, 환갑을 갓 넘기고 돌아가셔서 사업을 접으셨다. 그 후로는 집안 생계를 직접 꾸리면서 시내와 변두리까지 물건을 머리에 이고 장사하다가 무릎을 다쳐 수술을 받으셨다. 재활치료를 잘못해서인지 재수술을 받았지만, 걸음걸이가 불편해 바깥출입을 못 하신 지가 오래되었다. 가끔 전화 드리면 아픈 곳이 많으니 빨리 죽었으면 좋겠다는 말씀을 하셨다. 그 중에도 손자들과 진손자까지 걱정도 하시고 몸이 불편해 혼자 계시니 적적하셨다. 긴 시간 통화를 하고 나면 전화해 줘서 고맙다고 좋아하셨다.

집에 도착해 보니 혼자 움직일 수 없고 고생이 이만저만이 아니셨다. 숙모님은 몸이 조금 비대하시고 동생과 제수씨는 몸이 약하니 고생이 많았다. 다행인 것은 퇴직해서 하루씩 번갈아 가면서 시중을 든다고 하니 정말 감동적인 돌봄이었다. 참으로 다행인 것은 치매 증상이 없으니 돌아가실 때까지 발병하지 않았으면 좋겠다.

몸을 움직이지 못하니 죽을 드셔도 소화가 되지 않고, 변비가 심하고 여러 생각 때문에 저녁에 한숨도 못 주무신다고 하였다. 위로해드린 뒤 동생과 제수씨의 요즘 보기 드문 병시중으로 빨리 회복되실 것으로 믿었다. 하룻저녁 자면서 이런저런 이야기도 나누고 싶었지만, 오히려 내가 짐이 될 것 같아 그냥 돌아온 것이 못내 아쉬웠다. 작별하고 나오는데 손을 꼭 잡고 눈물을 흘리시니 너무 가슴이 아팠다. 숙모님을 마지막 본 병문안이 되었다. 며칠 전 숙모님이 돌아가셨다는 연락을 받았다. 보름 전 상황이 좋지 않다는 연락은 받았었다. 조카 결혼식이 인천에서 있어 그때 우리 가족 모두가 뵙기로 했었다. 그러나 1주일 먼저 가셔 생전에 다시 얼굴을 뵙지 못했다. 무슨 일이든 미루다 보면 낭패일 때가 있다. 장례식장에 도착해서 숙모님 영정사진 앞에 서니 조카 왜 이제 오나 내가 많이 보고 싶었고 기다렸다는 말씀을 하시는 것 같아 마음이 아팠다. 일가친척이 다 모여 슬퍼하고 상주들을 위로한 후 염습을 참관하였다. 마지막 가시면서 눈은 꼭 감고, 입을 다물고 편안한 얼굴로 아무 말씀이 없으셨다. 염습이 끝나고 마지막 가는 길이니 노자를 드리라고 해서 이곳저곳에 넣어드렸지만 입관한 분들이 모두 가져가고 천개를 덮어버렸다. 아무것도 가져갈 것 없이 떠나는 인생이 너무 허무했고 남은 생을 돌아보는 계기가 되었다.

89세까지 한 많은 세상을 사시면서 손자, 진손자들을 보며 즐거워하셨겠지만, 근심 · 걱정이 많았을 것이다. 어릴 때부터 신장병으로 고생한 외아들의 뒷바라지하며 마음 졸이고, 사위가 암으로 시한부 인생을 살고 있으니 얼마나 마음고생이 크셨을까 짐작이 갔다. 이제 이 세상 모든 근심 · 걱정 다 내려놓으시고 천국에서 편안히 사시면서 열심히 살아가는 자손들을 응원해 주라고 부탁드렸다.

사람의 마지막 가는 길이 허무함을 화장장에서 매번 느꼈지만 두 시간 만에 한 줌의 재로 남아 모두가 슬퍼했다. 40여 년 전 이별하신 부부가 나란히 봉안당에 안치되셨다. 이제 오래 떨어져 사셨으니 부부가 오순도순 지내셨으면 좋겠다. 바쁜 식구들은 먼저 가고 장례 마치고 돌아가는 길에 차창 밖으로 스쳐 지나가는 황량한 모습들과 드문드문 산에 가렸다 나타나는 바다를 아무 생각 없이 바라보았다. 나도 숙모님과 같은 상황이면 어떨까. 그래도 숙모님은 자식과 며느리의 병시중을 받았으니 행복했다고 생각하며 어쩐지 씁쓸한 생각만 스쳐 지나갔다. 혼자 울며 태어나 쓸쓸히 빈손으로 가는 인생이 가엾다.

동상이몽

예나 지금이나 최고 권좌는 부자간과 형제의 다툼으로 생사가 갈린 사건들이 세계 곳곳에서 일어났다. 조선의 연산군은 새 엄마를 폐위시키고 동생인 영창대군을 죽였다. 패륜행위와 궁궐을 지으며 무리한 재정운용으로 신의를 어겼다. 명과의 의리를 저버린다는 중립외교의 반발로 일부세력이 반정의 성공으로 연산군은 폐위되고 새로운 왕으로 인조가 등극하였다.

논공행상의 반발로 이괄이 난을 일으켜 임금은 공주로 피신하는 등 혼이 나간 상태에서 후금은 명나라 침공을 위한 조선의 원병을 요청하였다. 그러나 인조와 서인들은 친명배금정책을 펼치며 후금의 원병요청을 거절하였다. 이로 후금은 정묘호란으로 형제나라를 맺고 10여 년 후 군신관계를 요구하였다.

누르하치 아들 홍타이지는 압록강이 얼자 대군을 이끌고 한양까지 싸움다운 싸움 한 번 해보지 않고 5일 만에 한양에 도착했다. 도원수 김자겸은 임진강 이북에서 청군을 저지해야 할 책임을 맡고도 적군의 급속한 남하를 알리지 않았다. 도망가면서 봉수대도 꺼버려 한양에서는 적의 침략을 알지 못해 시간이 촉박하여 인조는 강화도로 피신하지 못하고 남한산성으로 간신히 피신했다. 인조는 김자겸을 당연히 처형해야 할 사람이었으나 공신이라는 핑계로 영의정까지 올랐던 인물이다. 나라가 망하지 않은 것이 이상하다. 남한산성 40여 일 항전으로 너무 추워 동상으로 죽고, 배고프고, 피해가 극심했다. 남한산성을 사방에서 진격해 산성에는 인명과 재산피해는 날로 늘어났고 군량미도 떨어졌다.

이때 아무 대책도 없는 척화파의 말을 듣고 끝까지 고집했다면 조선의 명운은 달라졌을 것이나 그가 마지막에 가서 무너지듯 내린 결정이 나라의 운명을 바꾸었다고 할 수 있다. 전략도 없고 외교적 능력도 없던 그의 곁에는 목숨을 걸고 조선을 구하려 애썼던 최명길의 간언을 받아들였다. 남한산성에서 두 사람이 꿇은 무릎이 조선의 파국을 피했다. 한 사람은 왕에게, 왕은 청 황제에게.

이때 강화도가 함락되었다는 소식에 어쩔 수 없이 항복하였다. 삼전도에서 치욕을 당하고 나라가 초토화가 되었으며 소현세자, 봉림대군을 비롯하여 50여만 명이 인질로 끌려가 노비가 되었다. 도망가지 못하게 20명씩 묶여 가며 얼어 죽고, 굶어죽고, 처절한 몸부림이었다. 돈 있는 양반들은 돈을 내고 풀려났고 여자들은 돌아왔지만 화냥년이란 이름으로 갖은 모욕을 당했다.

소현세자와 세자빈은 심양에서 땅을 개간하여 곡식을 가꾸어 남은 것은 팔고 무역을 하였다. 남은 돈으로 노예로 전락한 인질들을 풀어줘 고국으로 돌아가게도 하였다. 발전된 청나라의 문물을 보며 귀국하면 원대한 꿈을 펼치려는 생각을 수없이 했을 것이다. 이때 예수회 독일 선교사 아담 샬을 알게 되어 서양의 발전된 문물을 보고 감탄했으며 각종 행사에 참석하여 대사 역할을 하였다고 한다. 황제의 동생 아르곤과 친분을 유지하며 조선의 분리한 정책들을 고쳐나갔다.

청은 명나라를 완전히 멸망시킨 후 더는 세자를 억류할 필요가 없게 되자 8년 만에 귀국하게 되었다. 인조를 알현한 세자는 청의 발전된 문물을 들여올 것을 건의하였다. 인조는 치욕을 당한 청을 복수할 생각은 않고, 청을 찬양하는 발언으로 화가 치밀었던 것 같다. 인조는 세자가 청에서 인질로 고생한 자식을 가엾어 하지 않고 인맥을 넓혀 자기를 몰아내고 왕위를 빼앗을까 내심 불안해하여 심양으로 사람을 보내 세자의 정보를 낱낱이 보고 받았다고 한다.

인조는 바로 몸이 쇠약해졌다는 핑계로 어의에게 탕약을 지어 먹이라 해서 먹은 후 2개월 만에 세자는 의문의 죽음을 맞았다. 궁중에서의 염습은 여러 사람이 참관하게 되어 있으나 종친 3명만 지켜본 후 얼굴이 검고 구멍에서 피가 났다는 정황을 《인조실록》에 기록하였다고 전한다. 그 이유로 인조는 애첩 귀빈 조 씨가 시험 없이 발

탁한 어의 이형익을 처벌하지 않았고, 세자에 걸맞은 장례를 치르지도 않았다. 세자빈 강 씨를 수라에 독약을 탔다는 죄목으로 모든 신하가 반대했으나 죽이고, 어린 손자 3명을 제주도로 유배해 죽었다고 한다.

결국 처음부터 세자를 폐하고 봉림대군을 세자로 책봉할 마음을 굳힌 것 같다. 세손들을 제주도로 유배한 목적도 세자의 세력을 다 없애고 후환을 미리 제거하기 위한 조처가 아니었을까를 예상해 볼 수 있다. 임금의 재목은 따로 있는 것 같다. 지금도 마찬가지다.

일본은 이미 1549년 인도에서 활동하던 예수회 사제 프란시스코 하비에르가 일본을 상륙하여 도요토미 히데요시의 포교승인을 받아 활동했다. 10대 소년 4명을 유럽강국을 순회할 수 있게 지원한 사례가 있으며 책도 발간했다고 한다. 이들이 돌아오면서 라틴어와 일본어 인쇄기와 유럽지도를 가지고 와서 선진문물을 배우고 익혔다. 포르투갈, 네덜란드와 수교를 시작하여 조총과 대포를 수입하여 자기들에게 맞는 크기로 제작하였다. 조선은 당쟁으로 궁핍했으며 일본을 몰라도 너무 몰랐음이 화근이 되었다.

정묘호란, 병자호란을 청이 일으켰으나 이미 임진왜란 7년간 백성들은 다 죽었고 의식주 해결이 어려웠으며 말이 싼 똥에서 보리를 씻어 먹었고 어린 자식을 잡아먹었다는 기록도 있다고 한다. 이렇게 모든 국토가 피폐해져 항전할 힘이 없었다.

그렇지만 모든 면에서 불리했으나 인조가 소현세자에게 왕위를 물려줘 국정을 펼쳤다면 크게 달라졌을 것이다. 우선 청나라의 발전된 문물을 받아들였다면 문화가 융성했을 것이며 정치와 경제가 발전했을 것이다. 서양문물을 일찍 받아들여 다방면에서 과학을 접목해 기술이 발전하여 일본의 속국이 되지 않았을 것이며 쓰라린 국민의 분노를 촉발하지 않았을 것이다.

예나 지금이나 지도자의 역할은 매우 중요하다. 넓은 안목으로 국내외정치를 돌아보고 우물 안 개구리처럼 작은 하늘만 생각한다면 나라를 지킬 수 없다. 선진문물을 받아들여 경제발전과 기술발전을 도모했다면 선진국의 대열에 오래도록 지탱했을 것이다.

인조는 우리나라의 국력은 생각지 않고 과대망상에 흔들렸던 것 같다. 북벌계획을 세웠지만 군대를 증원하지도 않았고 먹일 군량미도 없었다. 임금은 계란으로 바위치기인 줄을 모를 리 없었을 것이다. 그 후 인조와 효종은 오랑캐인 나라가 10년 내에 망할 것이라는 희망 아닌 희망을 가졌던 것 같다. 그러나 청나라는 180년 동안 굳건하게 동양을 지배했다. 인조는 힘이 없으면 화친을 하여 나라를 안정시켜야 할 임금의 책무를 다하지 못하고 백성을 도탄에 빠뜨린 무능한 임금이었다.

사랑의 벌罰

그때 농촌은 굶주리고 추웠다. 초등학교도 못 다닌 친구도 있었지만, 나는 입학 통지서 없이 친구 따라가서 1년 먼저 입학했다. 키가 작아 항상 앞줄에 서거나 앉았다. 공부는 못해 통신표에는 1~5학년까지 수는 없고 우, 미, 양, 가뿐이었다. 그러던 중 6학년이 되면서 사범학교 졸업하고 처음 발령받은 선생님이 담임을 맡으면서 학급의 공부 분위기도 살아났다. 나도 공부가 무엇인지 알게 된 것 같았다.

그 시절 국어책에는 한문이 유독 많았다. 한문을 칠판에다 쓰시거나, 두꺼운 종이에 일정한 규격으로 단원별로 배운 한자를 쓰셨다. 철사로 여러 줄을 옆으로 매어 낱낱이 걸어두시고 읽으면 집에 가고, 못 읽으면 읽을 때까지 학교에 남아서 공부하게 하였다. 집에서

원지를 써오셔 등사기에다 밀어서 하루에 시험을 한 번도 보고 어떤 날은 두 번도 보았다. 80점 미만부터는 5점마다 매가 한 대로 허벅지와 종아리가 멍이 들어 걸어 다니기 힘겨울 때도 있었다. 그래도 불평불만이 없었으며 이런 혹독한 사랑의 매가 훌륭한 제자들을 길러냈다고 생각한다.

선생님은 학기 초 역사연대 외우기를 한 사람, 한 사람 구두시험을 치른 뒤 내가 잘 외웠다고 반 학생들 앞에서 칭찬해 주시면서 열심히 공부하라고 하셨다. 잘 외었는지 혹은 틀렸는지는 얼떨결에 넘어갔는데 선생님의 칭찬이 벗었던 심상을 깨워주셨다고 생각한다. 그 뒤부터 나도 공부할 수 있다는 자신감을 얻었는지 나름대로 열악한 환경이었지만 집에서나 학교에서 열심히 노력하였던 것 같다.

개교 10년이 지났지만 처음 수학여행을 다녀왔다. 선생님의 남다른 열정 때문이라 믿는다. 수학여행 경비를 낼 수 없는 학생을 위해 고사리 같은 손으로 여름에는 보리를 베고, 가을에는 벼를 베어 경비를 마련하여 전원이 여수로 1박 2일 수학여행을 다녀왔다. 그때 보리 베다 손가락을 벤 상처가 지금도 남아있어 그때의 일이 어렴풋이 생각이 난다.

저기압 때 기적 소리만 듣던 촌놈들이 처음 기차를 보았다. 양쪽으로 길게 놓인 의자에 앉아 완행열차로 세 시간여 동안 여수역에 도착하였다. 오동도까지 걸어가 동백나무와 산죽대를 보았다. 다시 걸어서 이순신 장군이 전라좌수영 통제사로 계셨던 진남관도 보았다. 건물이 너무 크다고 느꼈으며 학교로 사용되고 있었다. 그때 수학여행은 최고의 산 공부였으며 지금 생각해도 꿈만 같다.

생후 처음 맞는 나들이였는데 들뜨고 혹은 불안하기도 했을 것이다. 어판장에서는 여러 종류의 크고 작은 바닷고기를 보았고 얼음 공장에서 얼음 만드는 공정을 보기도 했으며 고기들의 부패를 막기 위함임을 그때 알았다.

선착장에 정박하여 있는 아주 큰 배도 실내까지 구경했다. 배에 방이 있었다는 것도 처음 알았다. 여행 중 더 큰 수확은 넓고 푸른 바다를 보면서 두메산골 촌놈들의 호연지기를 키워주셨다. 겨울에는 집에서 장작을 가지고 난롯불을 피웠다. 난로 위에 도시락을 다 놓을 수 없으니 큰 주전자에 물을 끓여 부어 먹으며 추위를 이겨냈다.

선생님은 대도시 중학교 시험을 치르기 위해 댁에서 공부를 시켜주셨다. 시험 전날 같이 가 방까지 준비해 주셨고 학교까지 같이 가주셨다. 1박 2일 동안 시험을 치렀지만 네 명이 다 떨어졌다. 너무 미안해서 몸 둘 바를 몰랐다. 다른 학교는 한 명 정도 원서를 써주었을 때다. 나는 가끔 생각한다. 그때 합격했더라면 내 삶이 확 달라졌을 것이라고.

졸업 시 우등생에 포함된 점, 졸업생 대표로 답사를 했던 점 등 과분한 사랑을 받았다. 오늘이 있게 한 선생님께 제대로 된 보답도 못해 드려 죄송할 따름이다. 나는 선생님이 존경스럽고 보람도 있을 것으로 생각해 큰아들에게 적극적으로 권했지만, 서울로만 가겠다고 고집해서 이루지는 못했다. 운동 모임에 선생님이 몇 분 계신다. 훌륭한 제자를 자랑하시며 선생은 제자가 성공해 찾아와 인사할 때 제일 보람을 느낀다고 뿌듯해하는 모습을 보았다.

이 점을 거울 삼아 존경하는 선생님을 찾아뵙기를 두 아들에게 권하였다. 큰애는 친한 친구들이 반 회를 만들고, 작은애는 과별 모임을 만들어 매년 스승의 날, 아니면 토, 일요일에 선생님을 찾아뵙는다고 하였다. 칭찬해주면서 일회성으로 끝내지 말고 꾸준히 하라고 격려해 주었다. 이런 모습을 보고 제자들도 좋겠지만, 선생님도 가슴 뿌듯하셨을 것이다.

아내와의 대화

항상 쫓기듯 살다 보니 지금도 걸음걸이가 빠르다. 아내와 어디를 가다 보면 내가 한참을 앞서가다 뒤돌아보면 상당히 떨어져 뭉그적뭉그적하다 보면 같이 가게 되는 경우가 종종 있다. 어디 가게를 가거나 백화점에 갔을 때도 옆에서 느긋하게 기다리지 못한다. 그러니 아내는 의자가 있는 곳에서 기다리라고 권하면 유튜브로 인문학 강의를 듣고 성경도 읽으며 기다린다.

거리를 가다 보면 젊으나 늙으나 다정하게 손을 잡고 웃으며 지나는 사람들을 볼 때가 있다. 나도 저렇게 해야지 생각은 하지만 실천이 안 되니 점수를 딸 수가 없다. 아들 내외가 직장에 다니므로 손녀딸과 박물관이나 어린이들이 가볼 만한 곳을 찾아간다. 이때 내 손을 잡아다 아내의 손에다 쥐여 주며 잡고 가라고 한다. 그러면 오래도록 잡고 다녀야 하지만 조금 지나면 불편해져 놓고 걸어간다. 손녀가 다시 손을 잡아주며 왜 그러냐며 볼멘소리를 듣는다.

집에서도 그렇다. 얼굴을 쳐다보며 다정한 이야기를 해야 하는데 할 말만 하고 나면 아내는 아내대로 나는 나대로 할 일을 한다. 같은 집에 살기는 살아도 어쩌면 남처럼 사는 것 같다. 사랑의 표현을 해야 한다고 듣기도 하고 책에서 읽어도 봤으나 낯 간지러워 하기가 정말 어렵다. 혹자는 그것이 오히려 영역을 침범하지 않아서 좋다고 들 하나 옳지 않다는 생각이 든다.

젊어서는 직장에 다니느라 가정을 소홀히 하였다. 하지만 지금은 시간도 많고 얼마든지 다정하게 지낼 수 있는데도 실천을 못 하고 있으니 내 마음도 좋지 않다. 그 대신 아내의 건강이 좋지 않으니 가정 일을 도와주고 있다. 아내가 외출하면 집 안 청소, 설거지도 하고, 전기밥솥으로 밥도 한다. 밥하기는 어렵지 않다. 밥솥이 다 알아서 해주기 때문이다. 그러나 아쉬운 점은 설거지해 놓으면 매 눈으로 이리저리 들여다보고, 냄비도 훑어보면서 미흡한 곳을 지적할 때는 기분이 상할 때도 있으나 금방 잊어버린다.

혹시 어디 가자고 하면 가기 싫더라도 따라가 주고, 아내의 컨디션을 고려해 가까운 곳이라도 가자고 해 다녀온다. 내가 외출이 잦다 보니 집에서 혼자 끼니를 소홀히 하여 걱정이 될 때가 많다. 자식들을 볼 때 배울 점이 많다. 두 아들은 며늘아기들에게 너무 잘해주다 보니 나도 따라가야 하지만 거기에 미치지 못한다.

내 방은 그림 그리고 글을 쓰니 지저분하고 어지럽게 널려있다. 가끔 들어와 아내가 에둘러 푸념을 한다. 들을 때는 언짢은 생각도 들지만, 그만큼 관심을 가진다는 것을 안다. 이처럼 간섭이 없다면 편할 것 같지만 오히려 외로움만 남는다는 것도 알았다. 적당한 관심과 간섭이 사랑과 우리의 삶을 이어간다는 것도 알았다.

아내는 음식솜씨가 좋아 맛깔스럽다, 시골에서 일할 때 식당이 없어 반찬을 가지고 다녔다. 직원들이 부러워하여 반찬을 더 준비해서 다녔던 일이 생각이 난다. 이로 인해 지금까지 내 건강을 지켜주었고 아들들이 그 음식을 먹고 잘 자라주었다. 지금은 며늘아기들 반찬을 가끔 해주지만 손자들과 아들을 먹이려는 생각이 있지 않을까 내심 생각해 본다. 이때는 나도 옆에서 도와주면서 잘못한다고 말을 듣지만 즐거운 마음으로 돕는다.

내가 직장을 옮겨 다니고 격일제 근무하느라 애들 교육도 소홀히 하였으나 가정교육은 물론 학교 교육도 관심을 가져 훌륭하게 커서 자기들 앞가림을 잘하고 있고, 박봉에 어려움이 많았으나 서울로 유학 보내고 어학연수도 보내고 큰며느리로 부모님 잘 모시고 시동생들 결혼, 전세로 분가시키는 등 고생고생했음이 감사하다. 집안일도 전기 외에는 못한 것이 없다. 벽에 시멘트 못을 박을 때에도 나는 힘으로 하려니 자꾸 튀어서 끝내지 못하면 결국 아내는 아기 다루듯 가만가만 해내고 만다. 집에서 무슨 일 도울 때도 항상 못 미더워한다. 시작은 하나 확실히 끝내지 못하고 자리만 어지럽히기 때문이다. 퇴직 후 40여 개 단체가 모여 있는 곳에서 아르바이트하였다.

직영 설비업체가 있었지만, 갑자기 배관이 터지거나 소변기, 대변기가 막히거나 고장 날 때 우선 급하니 응급처치를 해야 한다. 그때 기술자들이 하는 모습을 보고 어깨너머로 배워서 어느 정도 알게 되었다. 그러면서 간단한 고장은 수리할 수 있는 기술이 터득되었다.

지금은 전기, 수도, 화장실 누수는 물론 웬만한 고장은 내가 직접 수리하니 이 점만 아내의 인정을 받는다. 아내도 이제 70이 넘으니 무릎이 시큰거리고 허리가 아프다며 아이고, 아이고 할 때마다 옆에서 가슴이 덜컥 내려앉는다. 병원에도 가보고 아들이 건강식품도 선물하지만 효과는 미미하다. 현 상태를 유지하려면 지금처럼 아침 운동을 계속 다녀야겠다.

아무리 가까운 사이라도 충고의 말을 하면 얼굴이 붉어지면서 싫어하는 모습을 보게 된다. 부부간, 자녀 간에도 마찬가지다. 될 수 있는 대로 마음으로 참고 눈에 보이지만 안 본 척하고, 그냥 지나치는 아량이 필요하다. 그러면 가정이 편안하고, 서로 사랑에 금이 가지 않는다.

살다 보면 꼭 해야 할 말인데 하지 못하고 지나친 경우가 있다. 이번에는 꼭 말해야지 하면서도 막상 기회가 오면 그냥 지나치게 된다. 아내에게 고맙다. 사랑한다는 말, 부모님께 죄송하다는 말, 사랑한다는 말이다. 당신은 나와 자식을 위해 넉넉지 못한 산림이지만 불평불만 없이 묵묵히 자리를 지켜주었으니 고맙고 행복했다고 고백해야겠다. 이제는 남 눈치 보지 않고 속상한 일이 없도록 아내를 편하게 해주고 싶다.

여운

사진은 과거를 돌아보는 거울 같다. 나이가 들어가면서 사진첩이 여러 권이 되어 정리해야겠다는 생각에 들춰보았다. 결혼사진도 너무 촌스럽고 요즘과 비교하면 초라하기 짝이 없었다. 부모님 회갑 잔치 사진에 30여 명 가운데 남은 사람이 대여섯 명이다. 할아버지 할머니 품에 안긴 애들이 40이 넘었으니 여러 해가 지났다. 돌아가신 분들을 한 분, 한 분 회상해 보고 지나온 날들을 되돌아보니 한 편의 소설을 씀직도 하다. 이제 나도 돌아가신 아버지의 길을 가고 있음을 느꼈다. 평균수명이 늘었다고는 하나 74세에 돌아가셨으니 나도 몇 년 남지 않았다고 생각하니 마음이 착잡했다.

두 아들의 백일, 돌, 유치원에서 재롱부린 사진들을 보면서 손자들과 견줘보면 무슨 유전자 때문인지 제 아비를 꼭 빼닮아서 귀엽기만 하다. 애들 유치원 때 카메라가 없어서 이웃집에서 빌려 기차 타고 아산 현충원을 구경시켰다. 이순신 장군처럼 훌륭한 사람이 되라고 했던 이야기가 생각났다. 돌아오는 길에 유성온천에서 목욕하면 피부병이 말끔히 낫는다고 해서 씻기고 왔던 기억, 남원역에 도착해 잘 정돈된 나무들과 역사를 배경으로 찍은 사진도 있어 40여 년 전의 일들이 주마등처럼 스쳐 갔다.

전주 동물원에 가서 호랑이, 곰, 코끼리를 구경시키고 돌아오면서 장난감 가게 들러 움직이는 장난감 경찰차를 한 개 샀다. 서로 갖겠다고 싸움을 해서 난감했던 일들도 사진으로 남겨져 오랜만에 아내와 웃어보았다. 첫 발령지 운동회에 나가 달리기를 하면서 구두를 신고 가서 운동화가 없어 맨발로 달렸는데 우승하여 밥솥을 상품으로 받아 동료들과 촬영한 사진도 있다.

북경, 서유럽, 장자제 여행, 미국, 동유럽 여행의 사진들과 동영상을 보면서 여러 생각이 스쳐 지나갔다. 즐거웠던 일, 준비하면서 무엇을 해야 할지 걱정했던 일들이 지나고 나니 기우였음을 알았다.

지금은 가끔 아내와 사진첩을 보면서 즐거웠던 기억을 떠올려 보면서 이제 정리할 때가 되었다고 의견을 모아 100여 장의 사진을 고른 뒤 나머지 사진들은 모두 버리기로 했다. 고른 사진들을 컴퓨터에 저장하기로 하고 노인복지회관에 동영상 올리는 법을 수강 신청하였다. 월, 수, 금요일 수업이 있지만, 수요일은 수필반에 나오면서 빠지고 1회로는 자신이 없어 2회 수강을 마치고 미흡하지만 졸업했다.

이 사진들을 한장 한장 스캔하여 저장한 후 사진 수정, 꾸미기, 한장 한장 내용을 자막으로 입력하였다. 좋아하는 노래를 배경음악으로 넣고 애니메이션 효과를 삽입한 후 기교를 부려 동영상으로 저장 완료했다. 완료한 동영상을 내 블로그에 올리고 USB에 저장해 애들에게 선물을 했다

수필반에서 나고야를 3박 4일 여행하면서 벚꽃을 보기 싫어지도록 보았다. 또 4박 5일 동안 일본 산악인들의 도움으로 후지산 등반에 성공하였고, 각종 회와 술을 무한리필로 대접을 받고 나니 미안하고 고마웠으며 일본에서의 시간은 잊히지 않았다. 배운 실력을 발휘하여 애들 약혼 사진, 결혼 사진, 여행 사진, 애들이 연수 다녀온 사진들을 동영상으로 제작하여 틈나면 들여다보면서 지난날을 회상도 하고 여행했던 즐거움을 되살려 본다.

요즘은 스마트 폰으로 촬영한 사진들이 클라우드 프로그램으로 가족, 여행, 손자 손녀, 내가 그린 그림 등으로 나누어 자동 저장된다. 100여 장이 모이면 동영상을 만드는데 시간 가는 줄을 모르고 스스로 뿌듯함을 느낀다.

막차

옛날 통행금지가 있던 시절에는 막차를 타지 못하면 경찰에 연행되거나 즉결 심판에 넘겨져 구류를 사는 예도 있었다. 공무원이면 최하 견책처분을 받았다. 다른 교통수단이 없는 시골에서는 낭패가 아닐 수 없었다. 남녀가 함께 엮이기라도 하면 탈이었다. 내 이메일 닉네임은 막차다.

나도 직장생활을 30여 년을 하였는데 늦은 나이에 채용되어 현장 말단부터 시작하다 보니 승진 기회가 별로 없었으며 대인관계도 좋지 않았다. 그 시절에는 조금만 관심을 가졌다면 빨리 승진할 기회가 있었다. 시골역에서 근무하다 보니 인연이 닿지 않고 늦어져 40대에 부역장 등용 자격시험의 기회가 왔지만, 5배수 추천으로 20대들과 대결하다 보니 몇 회 낙방하고 정신을 가다듬었다. 나름대로 노력을 해봤지만, 실력이 뒷받침되지 못해 마음고생도 많이 하고 식구와 자식들에게도 체면이 서지 않았다

필기시험 합격 후 면접관이 나이 들어 합격하였다고 칭찬도 했지만, 나의 무능함 때문이라고 자책도 하였다. 혹시 비웃는 말씀이 아니었을까라고 생각도 했었다. 서울교육원에서 교육받은 후 전라선 오수역에 부역장으로 발령받아 부임하였다. 오수역은 전주, 남원 다음으로 업무가 많은 역이다. 다른 환경에서 눈코 뜰 새 없이 바쁘고 식사 시간이 따로 없으며 열차가 없는 시간에 해결해야 했기 때문에 5분 만에 끝낼 때도 있었으며, 먹다 말고 일을 본 후 다시 먹는 경우도 종종 있었다.

정거장이 들판에 있어 유독 모기가 많아 옷 위로도 물렸다. 약을 몸에 발라 봐도 냄새만 나고 효과는 별로 없었다. 겨울에는 눈이 많이 내린 곳이라 손님들을 안전하게 내리고 탈 수 있도록 광장, 통로, 승강장에 내린 눈을 쓸고 또 쓰느라 밤을 꼬박 새운 날도 많았다.

정거장의 업무는 개인별로 분담도 하고, 협조도 하면서 승차권 발매, 여객의 승 · 하차를 돕고 장애인의 경우 직접 태워드리고 내려드렸다. 화물취급은 주로 비료, 시멘트 등 관급자재만 취급했다. 작은 역이라 꽃을 가꾸고, 풀도 예초기로 베어야 해서 사용 방법을 배우느라 고생도 했다. 여객열차의 경우는 새마을호만 제외하고 모두 정차하였다. 임실, 순창, 장수군 일부가 애용하기 때문에 손님들이 많았다. 대부분 나이 드신 어르신들이 많아 타고 내리는 데 신경을

많이 써야 하고 타고 내리는 것을 확인해야 한다. 화물열차가 이상 없이 잘 운행하는지를 플랫폼에서 확인도 한다.

선로가 단선이며 자동전철기가 아닌 관계로 열차가 오갈 때 선로 전환기를 사람이 직접 작동하여 진입, 진출시킨 관계로 어려웠었다. 야간은 2~3명씩 교대로 일하기 때문에 졸음이 쏟아지면 허벅지를 손으로 짚어도 보고, 밖으로 나가서 졸음을 쫓기도 했는데 졸음은 대형사고의 원인이기 때문이다. 항상 잠이 모자라 비번일에는 앉으면 졸기 때문에 조롱 섞인 말도 들었었지만 지금 생각하면 즐거운 소리였는데 그때는 듣기가 싫었다.

어느 날 80이 넘어 보인 일본인들이 구경을 왔다고 사무실로 들어왔다. 이들은 광복 전 오수역에서 근무했다며 감회가 새롭다고 하였다. 그 사람들이 생각할 때 그때의 시설을 바꾸지 않고 지금도 사용하고 있으니 오히려 얕잡아보고 우쭐하였을 것이다. 아니면 속으로 말만 많지, 미개국이라고도 했을 것이다. 해방 된 지가 50년이 넘어 일본은 신칸센을 비롯해 고속전철을 개통하고 있는 실정을 생각하면 가소로웠을 것이다. 나 역시 그 사람들을 보기가 민망하고 그들이 사용한 통표를 허가증으로 지금도 열차를 운행하고 있었으니 창피하여 얼굴을 들 수가 없었다. 지금은 고속전철이 전국으로 개통되었지만.

언젠가 〈8월의 크리스마스〉란 영화를 오수역에서 촬영하였다. 지붕, 땅 모두를 소금으로 뿌려 겨울눈으로 위장하여 촬영했던 기억이 난다. 주연배우로는 지금 최고의 여배우 전지현이 고등학교 3학년이었으며, 남자는 〈타짜〉에서 열연한 박신양이 출연하였다. 그때 직원 자녀들과 이웃 학생들이 사인을 부탁해 받아준 기억도 난다.

이후 익산역, 전주역, 남원역에서 근무하였으며 모두가 받고 싶어 하는 모범공무원 표창도 받았다. 늦은 나이에 직장생활을 시작하여 뒤처질까 마음고생을 하였지만, 끊임없이 노력하다 보니 후회 없는 끝마무리를 잘한 것 같아 뿌듯하며 모든 불안은 기우에 불과했다.

자유와 제약制約

"희생 없이 자유를 찾을 수 없다."

미국은 세계 유일한 민주주의 종주국이라 할 수 있다. 우리나라와 비교할 때 여러 가지 제약이 있음을 알게 되었다. 우선 주변 환경을 보면 순수한 주택가에는 음식점, 마트, 술집 등 삶의 질을 떨어뜨리는 일체의 시설물은 들어설 수가 없다고 했다. 음주문화를 보면 술을 마시고 싶으면 마트나 술 파는 전용 상점에서 사다가 집에 가서 마셔야 하고, 전용술집에서만 마실 수 있다고 한다. 허가 없는 음식점에서 술을 마시다 적발되면 본인은 물론 음식점도 벌금이 크다고 했다.

우리나라 소주 한 병에 2만 원에 마셨는데 이는 아주 싼 가격이라

귀띔하고, 술 파는 면허가 2~3억이 넘는다면서 술값은 주인 마음대로 받을 수 있다고 했다. 그럼 술의 폐해를 생각해 보면 우리나라는 음주 때문에 교통사고로 인명과 재산 피해는 물론이고, 한 가족을 불행으로 몰아넣는다. 술에 취해 다툼으로 이어져 묻지마식 살인을 저지르고 사회적 비용을 증가시키며 상호 간의 불신과 가족과 이웃을 적으로 만든다.

미국의 경우는 술의 통제가 엄격해 이런 사회적 갈등과 폐해가 적음은 본받을 만하다. 우리나라도 술값을 올리든지 접근이 어렵게 만든다면 좋지 않을까 생각했는데 아마 자유를 억압한다고 시위하지 않을까 걱정이 된다.

미국영화를 보면 언제 어디서나 술을 마시는 줄 알았는데 내 생각과 완전 다르다. 술을 제외한 여유시간을 찾다 보니 가족 간 이웃 간 휴가로 여행문화가 활성화되었다. 야간 운동경기를 식구들이 같이 즐기므로 스트레스를 줄이고 가족 간 유대가 돈독해지고 체육 관련 산업이 발전하였다. 선수들의 연봉이 우리가 상상할 수 없는 연봉이 주어진다. 이점은 우리나라 선수들이 뛰고 있는 야구, 골프를 보면 알 수 있다. 우리나라는 아는 사람끼리 술을 마시지만, 미국사람들은 모르는 사람이 만나 술을 마시면서 친구들이 만들어진다고 해서 참 좋은 일이라고 생각했다.

미국 어디를 가나 자연 그대로를 보존되고 있었다. 집에서 물 세차를 하거나, 개인 집안에 잔디를 깎지 않고 가꾸지 않은 화단이나 산과 들에서 꽃을 꺾거나 풀 한 포기를 훼손하더라도 벌금이 부과된다고 한다. 그 예로 우리나라 부모님들이 미국을 방문해 쑥과 민들레가 흐드러지게 많아 이를 캐다 연행된 일들이 있다고 하며 우리나라에서는 상상할 수 없는 일이다. 궁금한 것은 어떻게 알아내서 벌금을 내릴까 생각할 텐데 마을마다 자원봉사자 할머니 부대가 있고, 미국 사람이면 누구 가릴 것 없이 나라를 위한 사명감으로 고발을 생활화하기 때문이라고 했다.

요세미티 국립공원은 2차선으로 대형 버스가 다니기에 매우 어렵지만 늘리지 않고 아름드리나무를 베지 않기 위해 구멍을 뚫고 차가 다닌다. 또 산에 고목이 넘어져 있어도 치우지 않으며, 한쪽은 불에 타서 검게 그을린 나무들이 있지만, 생태계 변형을 막지 않기 위해 그대로 둔다고 한다. 그래서 한쪽은 보기 흉하고 한쪽은 하늘을 찌를 듯 나무들이 많아 대조를 이루었다. 세계 제일의 국립공원으로 년 400만 명의 관광객이 찾아 수입도 올리고 자연보호로 성공한 일거양득의 효과를 거둔다고 할 수 있다.

캘리포니아 해변에는 물개들이 놀 수 있는 환경을 만들어 백여 마리가 떼를 지어 일광욕하면서 소리 지르며 노는 모습 보았다. 이는 자국민은 물론 외국 관광객에게도 즐거움을 제공하고 있었다. 대신 바다라고는 하나 항구이기 때문에 냄새가 많이 났었다. 누구 하나 불평하는 사람이 없다고 했다.

콜로라도강 주변의 호텔에서 하룻밤을 묵었는데 1층 식당 바로 옆의 강에는 바닥까지 훤히 보이는 곳에 팔뚝만 한 물고기들이 먹이를 찾아 유유히 노는 모습을 보았다. 과연 우리나라 같으면 그대로 둘까, 미국의 경우 어려서부터 익힌 법질서가 몸에 밴 결과라고 생각했다.

자유는 무엇이든지 할 수 있다는 개념이 아니다. 다소 제약으로 어려움이 있더라도 참고 실천함에서 얻은 결과라고 생각한다. 각종 시설물과 국립공원들이 그대로 보존되어 세계인의 사랑을 받음은 미 국민의 한 사람 한 사람의 노력과 정부의 엄격한 통제가 있었기 때문일 것이다.

희생 없이 자유를 찾을 수 없으므로.

품바꾼

직업엔 귀천이 없다고 말들을 한다. 그러나 현실은 공허에 불과하다. 얼마 전 KBS 〈직업의 세계〉에서 장애가 있는 부녀 4명이 어렵게 살아가는 모습을 보았다. 그들은 장애가 있었으나 남에게 의지하지 않고 스스로 삶을 개척해 나가며 안산을 무대로 2대째 품바 직업으로 살아가는 이들의 이야기다. 아버지가 일명 난쟁이이고 그 사이에 딸이 3명인데 모두 아빠와 닮았다. 딸들은 난쟁이를 낳고 싶지 않았다. 살아온 설움을 자식에게 대물림하지 않기 위해서다.

처음에는 아빠가 품바를 시작했으나 점차 딸들이 커가면서 아버지와 딸들이 동업하게 되었다. 딸들이 어디 가질 만한 직업이 없었기에 궁여지책으로 선택한 것이다. 이들은 아버지의 끼를 다 이어받아 전국에서 알아주는 품바 공연을 펼치고 있었다. 그러나 사위들은 건장한 사내들이어서 자기들끼리 공연할 수 있는 실력을 갖추게 되었다. 이에 아버지는 연세가 많아지니 측면지원을 해주고 2선으로 물러나 딸과 사위들이 한 팀이 되어 운영하고 있다.

이들은 전국을 무대로 한 번 정착하면 몇 개월에서 길게는 1년까지 같은 자리에서 공연하기도 한다. 그러던 중 좋은 일인지 나쁜 징조인지 둘째 딸이 30대 말에 아기를 가져 딸이 태어났다. 아기의 할아버지는 너무 좋아하고 공연이 없을 때는 혼자 독차지하여 손녀 사랑이 넘친다. 그러나 엄마는 한편 좋기도 하지만 딸의 장래를 생각하면 근심 걱정이 앞선다고 하였다. 자기가 받은 설움을 대물림하지 않겠다는 생각이었는데 이미 엎질러진 물이 되었으니 최선을 다해 앞날을 탄탄히 해주고 싶어서다.

사실 요즘 공연이 옛날과 같지 않고 벌이도 시원치 않는데 아기 뒷바라지 비용이 만만치 않아 이 점도 이들의 고민거리다. 그래도 할아버지는 항상 싱글벙글하시며 뒷일일랑 생각지 말라는 그런 모습이다. 이들은 전국행사장을 돌아다니며 돈을 벌어야 한다. 우선 자치단체에 가서 자리를 확보하려면 직접 가서 계약하고 무대를 꾸며야 한다. 장비는 용달차로 2대 분량이며 이런 일들을 전담회사와 계약을 맺었으나 비용이 만만치 않고 날씨라도 궂으면 손해를 볼 때도 있다고 한다.

공연하면서 여러 종류의 특산품을 준비하는 일도 벅차다고 한다. 공연마다 프로그램도 생각해야 하고, 상황에 따라서 어떤 물건을 팔아야 할지도 머릿속에 두어야 한 개라도 더 팔 수도 있어서다. 그리고 구경하신 분들이 자기가 추천한 노래를 부르면 팁을 주는 분이 있는데 너무나 고맙다고 하였다.

요즘은 품바꾼들이 너무 많아 경쟁이 되기 때문에 노력을 더 많이 해야 한단다. 유튜브에 올릴 홍보영상을 만들어야 하는데 예산이 만만치 않지만 고맙게 촬영해 주신 분이 있어 잘 돌아가고 있다고 하였다. 후배양성을 해야 하는데 여건이 맞지 않는다고 하며 같이 다니려면 방도 따로 써야 하고 보수도 나가야 하니 돈벌이가 만만치 않다고 했다. 그래도 딸이 잘 크고 있으며 할아버지 사랑을 듬뿍 받고 있어 모두가 행복해 보였다.

품바타령이나 각설이패들이 부르는 타령은 민요의 일종으로 각설이 타령이라고도 한다. 경기 이남 지역에서 많이 불리며, 전남지역에서는 장타령이라고 한다. 이 노래를 부르는 각설이는 유머의 일종으로 주로 지방 장터를 찾아다니면서 걸식했다. 오늘날의 품바타령은 품바 공연으로 훌륭한 무대에서도 재현되어 인기를 독차지한 그룹들을 더러 보았다.

우아한 옷차림과 선망의 무대에서 여러 사람의 박수갈채를 받는 예술인들과는 사뭇 다르다. 이들은 오직 한술의 밥을 구걸하기 위해 안간힘을 다하기 때문이다. 보기만 해도 당장 쫓아내고 싶고, 문을 닫아걸고 싶은 곡들이다. 우리로서는 도저히 다가가지 못할 꺼림칙한 거지들의 모습이다. 그러나 이들은 구걸만을 위한 거지들과는 좀 다르다. 자신들의 처지와 삶을 타령이라는 노랫가락과 대사로 엮어서 공연을 펼치기 때문이다.

품바타령의 본래 모습은 가난과 질병의 고통으로 얼룩진 운명의 삶을 노래와 춤을 통해 새로운 삶을 살아보려는 의지와 신명이 담겨 있다. 이들은 더는 내려갈 자리가 없는 밑바닥 인생들이 연출하는 가장 아름다운 눈물과 고통 속에서 피어난 꽃이다. 이들은 본인들의 처지와 해학을 곁들이다 보니 관람객들의 공감을 얻고 함께 어우러져 감동을 연출한다. 그리고 비록 본인들의 신체적 결함에 좌절하지 않고 공연에서 혓소리와 애정이 어우러져 일반인들이 이해하며 꿋꿋이 살아가려고 노력한 점이 돋보였다.

이제는 정통 품바 공연으로는 먹고살기가 어렵다고 하며 너무 들어서 관객들이 싫증을 낸다고 들었다. 요즘 유행하는 트로트를 섞어 새로운 춤으로 무장할 때 관객과 한 덩어리가 되어 카타르시스를 만끽할 수 있도록 준비했으면 좋겠다. 어느 단체나 구태의연하면 발전이 없다. 새로운 문물을 받아들이듯 노력이 필요하다. 요즘 사회적으로 살기가 어려우니 힐링이 필요할 때다. 관객들의 아픈 마음을 씻어주고 달래주는 일도 그들의 몫이라는 생각이 든다.

품바타령은 한과 눈물의 씻김굿이라 할 수 있다. 관객 모두가 구성진 가락에 빠져 입으로 흥얼거리는 순간 카타르시스와 함께 어울려질 수가 있다. 품바타령은 타인의 삶을 이해하고 넋두리와 익살에 웃고 울며, 거칠면서도 다정다감한 말투들이 오히려 공감대를 얻어낸다.

딸들에게 품바 공연을 맡겼지만 미덥지 않아 먼 거리도 마다하지 않고 가만히 와서 살펴보며 격려도 해주는 것을 보면 부모 마음은 다 같을 것이다. 요즘은 가는 곳마다 품바타령을 하는 곳도 많고 팀들도 많다. 관객들은 더 좋고 신명 나는 공연을 볼 수 있을 것이니 흐뭇하다.

폼페이

오래전 폼페이를 찾았을 때 4월이라 봄 기운이 완연하여 복숭아꽃이 피었고 키프로스 나무들은 하늘로 솟아오를 듯 파란 잎들이 선명했다. 멀리 보이는 베수비오산은 1281m로 나폴리 동쪽 12km 지점에 있다고 했다. 기회가 되어 이탈리아를 여행하였다. 미리 버스에서 가이드의 설명을 대강 들었다. 폼페이는 본래 농업과 상업이 발달하였으며 로마 귀족들의 휴양지로 매우 번성했던 도시였다. 무역항으로 수입물자가 풍부하고 로마 정부의 시스템을 모방하여 자치 원로원이 시민집회에서 선출되고 2명의 자치 집정관을 둔 2만여 명이 사는 도시였다.

풍요롭고 아름다웠으나 운명의 날 79년 8월 24일을 맞았다. 활기

찬 하루가 시작되고 가게들은 손님 맞을 준비를 하는 오후 1시경 굉음과 함께 화산이 폭발했다. 놀라면서도 곧 끝날 것으로 생각했다고 한다. 곧이어 수백만 톤의 화산재와 부식물이 쏟아져 내렸다. 불길하게 바람은 폼페이 쪽으로 불었다. 잠시 후 더 거대한 폭발이 일어났다. 그 폭발로 베수비오산의 봉우리를 완전히 날려버렸고 거대한 불길이 상공으로 솟구쳐 오르면서 화산암을 뿜어냈다.

너도나도 우왕좌왕하며 살길을 찾았으나 안전한 곳이 없었다고 한다. 세상을 뒤덮은 먹구름과 고온가스 때문에 숨을 쉬는 것이 고통스러워 질식해 모두 숨을 거두었다. 비극은 이튿날인 8월 25일 끝이 났다. 불과 하룻밤 사이에 이곳은 4m 높이로 쌓인 화산재로 묻혀버렸다. 화쇄난류에 삼켜버린 화석들을 보면서 결국은 다 죽어야 할 목숨이지만 선택할 수 있다면 좀 더 평온한 죽음을 맞았으면 하는 기도가 되었다.

1500년 동안 화산재에 고스란히 파묻혀 있었던 폼페이의 화려한 도시의 모습과 그 어디에서도 볼 수 없는 인간화석들을 실제로 보았다. 도로나 상수도 시설은 물론 각종 공장과 상점이 즐비했다. 선거 때는 벽보를 붙이고 자동차나 컴퓨터만 없었지 현재 우리의 생활과 다르지 않았다고 설명을 들었다.

1748년 농부가 우물을 파다 우연히 발견되어 세상에 알려지게 되었다. 발굴단은 건물은 있는데 사람의 흔적이 없어 고민하다 구멍에 석회를 부어 굳은 후 파보니 사람이었다고 하여 다행히 확인할 수 있었다고 한다. 현재는 2/3 정도의 발굴이 이루어졌다고 했다.

이곳은 항구로 술집이 많았다. 윤락가 표시는 도로 바닥에 성기 모양이 가리키는 곳과 집 앞에 성기 모양이 붙어 있었다. 외설적인 그림벽화가 그려진 매음굴도 많은 편이며 성행위 그림벽화도 있었다. 말이 통하지 않아서인지 화대는 그림으로 표시되었으며 아가씨와 임신 여부에 따라 차이를 두었다고 한다.

많은 화석이 발굴되었는데 공포에 질려 몸을 웅크린 화석, 아기에게 젖을 먹인 엄마, 사랑하는 사람과 손을 꼭 잡고 누운 채로 발견된 화석, 어머니는 죽음이 엄습하는 순간 어린이를 꼭 껴안고 있었다. 어머니의 사랑은 예나 지금이나 변함이 없음을 새삼 느꼈다. 수술 도구를 가지고 가다 죽은 의사, 엄마와 사랑스러운 아들이 입 맞춤을 하는 다양한 형태의 화석을 보았으며 일상생활에 사용했던 각종 도구들이 아주 많이 쌓여 있었다. 지금까지 2천여 구가 발견되었다고 하였다.

사실은 얼마 전부터 전조증상이 있었다고 한다. 그러나 사람들은 이번에도 괜찮겠지 하는 안이한 생각에 노약자 등 거동이 불편한 사람들이 대피하지 않았다고 했다. 요샛말로 안전 불감증에 사로잡혀 결국은 많은 인명피해가 발생했다고 볼 수 있다.

도로는 2000년 전에 건설되었다고 믿기지 않는데 30센티 정도의 납작한 돌에 옆으로 잔자갈을 채워 견고했다. 마차길, 인도, 과속방지턱, 말 물을 먹이는 통, 수돗물 모은 곳 등이 있었다. 마차가 한 대 지나갈 넓이로 닦았는데 어떻게 통행을 했을까 의문이 들었다.

스타비아, 중앙 공회장, 목욕탕을 보았다. 공회장 목욕탕은 남녀,

냉 · 온탕, 사우나 시설이 있고, 옷장은 모두 다르게 만들어 자기 옷장을 찾기 쉽게 했으며 아치형 천장에는 맺힌 물방울이 사람에게 떨어지지 않도록 천장에 길게 홈을 파 놓은 것을 보니 당시의 수준 높은 기술력과 이용자를 배려함이 돋보였다.

스타비아 목욕탕은 규모가 크고 보존상태가 좋았으며 대리석탕, 온수관, 온수 가마, 체육시설, 도서관, 스낵바 같은 것도 설치되어 혹시 우리나라 찜질방의 원조가 아닐까 생각했다. 이때가 우리나라 신석기 시대였다고 하니 놀라지 않을 수 없었다. 부유층의 생활상을 알 수 있었고 벽화의 다양함으로 문화의 발전상도 보았다.

대극장은 오천 명을 수용하나 움푹 팬 곳을 활용하였고, 원형경기장은 2만 명을 수용하는데 2만 명의 폼페이 시민이 관람할 수 있었고, 소극장은 음악회 등을 열었다고 하였다.

광장 쪽으로 나가니 주피터 신전, 제우스 신전, 아폴로 신전, 의회, 시청이 도로를 중심으로 둘러싸여 있었으며 헤라, 미네르바 신상이 세워져 있었다. 3시간가량 돌아보았다. 출토된 중요한 발굴품들은 나폴리 박물관에 보관되어 볼 수 없었음이 아쉬웠다. 예나 지금이나 안전 불감증은 변함이 없다. 지금 아무리 과학이 발전했어도 자연재해로부터 사람들을 안전하게 지켜주지는 못하고 있음을 볼 수 있다. 우리나라도 지진 안전지대가 아니다. 미리미리 대비가 필요하다.

베수비오 화산폭발은 끔찍한 사건이지만 이 비극적인 사건이 없었다면 오늘날 당시의 생생한 현장은 물론 고대 로마 전성기의 모습은 볼 수 없었을 것이다. 그 덕분에 2천 년 전 여유롭게 살던 그 시대 사람들의 아름다운 주택과 벽화, 경기장 같은 유적들과 그들의 생활상과 흔적을 볼 수 있다. 가슴이 아프지만.

5부

행복이란

아련한 고향

슬레이트 지붕들이 반쯤 기울어진 빈집들이 드문드문 보이고 잡초가 무성하다. 우리 집에 들어서니 마당엔 잡초 때문에 흙이 보이지 않고 토방은 무너져 내려앉았다. 사람이 살지 않으니 벽도 군데 군데 떨어지고 방문도 반쯤 떨어져 보기가 흉했다. 마루는 크고 반듯하게 깎아 만들어 튼실한데 골동품 장사들이 뜯어가고 장독대의 큰 항아리들도 다 가져갔으니 풀만 무성했다. 뒤뜰에 매실나무는 벌레 때문에 오그라들고 많이 열었던 감나무도 고목이 되어 꼭대기에만 몇 개 달렸다.

누구든지 외로울 때나 명절에는 살아계신 부모님과 또는 돌아가신 부모님을 떠올리며 고향을 생각한다. 명절에 고향을 간다면 7~8

시간이 소요되고 혹 그 이상이 걸리더라도 마다치 않고 고향을 찾는 것은 옛적 향수 때문일 것이다. 어렸을 적에는 앞산에서 송아지보다 큰 노루들이 5~6마리씩 떼 지어 뛰어다니기도 했고, 까투리 울음소리가 코앞에서 들리기도 했다. 봄이면 진달래꽃이 흐드러진 뒷산에 올라 꽃을 따먹기도 하고, 장끼가 알을 낳지만, 이것을 모르고 까투리 울음소리를 따라 알을 찾겠다고 이산 저산으로 뛰어도 다녔던 생각들이 스쳐 지나간다.

보릿고개를 넘길 때라 대여섯이 모여 조금 덜 익은 보리를 한 움큼씩 베거나 꺾어서 모아놓은 나뭇가지에 불을 붙이면 검은 연기와 함께 활활 타오른다. 모두 눈물을 흘리면서 한 움큼씩 널찍하게 펴서 갖다 대면 타닥타닥 소리와 함께 고소한 냄새가 코를 찔렀다. 사그라진 불 속에서 반쯤 탄 보리를 나뭇가지로 끄집어내 손바닥으로 비비면 뜨거워서 후후 불며 입에다 털어 넣었다. 손에 묻은 검정이 입 주위와 얼굴까지 번져 이빨만 하얀 것을 서로 쳐다보며 배꼽 잡던 추억이 아련한데 지금도 그 맛이 되살아날지 모르겠다.

여름이면 오 리가 넘는 냇가에 나가 송사리와 손바닥만 한 가로 떼를 쫓아다니며 물장구치고 미역 감았던 일이 생각나지만, 지금은 하천 정비를 한 탓에 장소마저 사라져 아쉽기만 했다. 소나기 내린 뒤 무지개가 보이면 어디서 뜨는지 찾아 뛰어가 보지만 무지개는 자꾸 멀리멀리 움직여 쫓아가면 파란 색깔만 흩어져 보이면서 사라져 실망했다. 가을이면 나락 논에 메뚜기가 많아서 떼를 지어 튀는 소리가 콩 볶는 소리처럼 요란했다. 메뚜기 잡으러 논에 들어가면 한 번에 애기 업은 메뚜기를 두 마리씩 잡기도 하였다. 늦가을쯤 나락 논에 물빼기를 한다. 이곳에 손을 깊이 넣어 뒤집으면 누런 미꾸라지가 몇 마리씩 나와 잡기도 하였다.

겨울이면 장갑이 없어 언 손을 호호 불며 연 날리던 일, 논에 물을 가둬 얼음이 얼면 얼음 위에서 팽이치고 썰매 타던 일, 초가지붕 끝에 매달린 내 키보다 큰 고드름을 따서 먹기도 하고 칼싸움을 했던 일들이 주마등처럼 스쳐 지나간다. 고향 떠난 지 40년 지났지만 요즘 일은 잊혀 생각나지 않지만 어릴 적 고향의 그리움은 새록새록 떠올라 더욱 간절하다.

가끔 집에서 가만히 누워 이 길로 가면 태수네 큰 기와집, 저 길로 돌아가면 영구네 슬레이트집, 세월의 무상함을 느끼고 어린 시절 자주 드나들던 모습이 선하며 마음속으로 그림을 그린다. 놀 거리가 없던 때라 모정 주변 넓은 터에서 제기차기, 구슬치기, 딱지치기, 자치기, 나이 먹기 등을 하며 뛰어놀던 기억이 생생하다. 우리가 뛰놀던 모정 주변은 마을회관이 현대식 건물로 지어졌다. 홀로 계신 부모님들이 모여 식사도 같이 하고 여름에는 더위 걱정 겨울에는 추위 걱정을 던다니 객지에 있는 자식들의 초조한 마음도 한시름 놓을 것 같다. 그러나 회관 앞마당은 놀 아이들이 없어 텅 비어 있으니 더욱 어린 시절이 그립고 친구들의 모습이 아른거리며 머릿속을 스쳐 지나간다.

부모님 살아계실 때는 시간 나는 대로 고향에 가 부모님을 뵙고, 농사일도 거들어 드리면서 왕래가 잦았지만, 부모님 돌아가신 후에는 집안 애경사나 벌초, 시제 때 다녀온다. 지금 농촌의 형편이 젊은이들은 없고 80이 넘으신 집안 어르신들이 계신다. 옛날에는 지게로 산비탈을 오르내리고 농사지으며 무릎이 망가져 수술하셨다. 혼자 걸어 다니기도 힘겨운데 자식들 주겠다고 밭농사를 지신다. 한 손에는 지팡이를 짚고 허리까지 아픈데 고추, 참깨를 심어 일하는 모습을 볼 때 부모님 생각이 나서 눈시울을 적셨다. 힘겨우시니 농사짓지 말라고 말씀드리니 내가 꼼지락거려야 손자들 용돈도 주고 자식들 김장 고추라도 주면 마음이 흐뭇하다고 말씀하시며 손사래를 쳤다.

어릴 적에는 논농사, 밭농사를 지으면서 지게로 하느라 힘겹고 어려웠지만, 지금은 마을길도 넓어져 농기계로 농사를 짓고 승용차가 오가며 하루에 2회 군내버스가 운행하니 어르신들의 병원 나들이도 편해지셨단다. 옛날 어르신들은 다 돌아가시고 일가친척이 10여 가구 살고, 지금은 외지 사람들이 공기 좋고 물 맑으니 별장 겸 집을 지어 살고 있다. 그분들이 이장도 하고 마을 일을 맡아 한다니 고향 같지도 않지만, 나의 고향은 여전히 마음에 남아있다.

두메산골에 수도가 들어오고, 하수도를 놓고, 산골이라 땔감이 몇 발짝만 가면 널려있는데 도시가스까지 들어왔으니 너무 살기는 좋아졌으나 옛날 고향의 맛은 예전만 못하다. 어릴 적 고향은 아니지만, 고향 다녀온 날은 마음이 편안하다.

김치

김치는 우리나라 국민들이 없으면 안 될 보물이다. 영양공급과 질 좋은 유산균을 배양해 건강증진에 으뜸이다. 처음에는 건조를 통해 수분을 증발시켰으나 점차 소금으로 절이며 발효시키는 저장 방법이 오늘날의 단계가 되었다고 한다. 조상들은 곡물 위주의 영양을 공급했으나 소금 속 미네랄과 채소의 영양을 먹게 되었다. 우리 집은 미네랄이 풍부하고 짠맛을 없애기 위해 3년 이상을 저장한 소금을 이용한다. 배추김치를 담글 때도 절임과 양념으로 사용한다. 김장은 시기가 중요하다.

일부에서는 김치냉장고가 있으니 아무 때나 괜찮다는 말을 들었다. 아니다. 전주지방은 12월 초가 적기이며 영하의 날씨에 얼고,

녹고를 반복해야 맛있는 배추가 된다. 배추를 고를 때도 마찬가지다. 나는 속이 조금 덜 찬 것을 골라야 절일 때 곳곳에 소금을 넣을 수 있다고 말하면 아내는 의견이 다르다. 속이 꽉 차고 포기가 크고 시장에서 제일 비싼 것을 고른다. 단점은 절이기가 쉽지 않고 칼로 쪼갤 때 속잎이 많이 떨어져 좋지 않으며 밑동이 절여지지 않는 단점이 있다.

배추를 네 쪽, 또는 두 쪽으로 자른 후 3년 지난 소금을 이곳저곳에 뿌리고 잎 사이사이에도 뿌린 후 간물에 담근다. 씻기보다 오히려 간하기가 어렵고 허리가 아팠다. 초가을부터 고추 구입을 걱정하지만 햇볕에 말린 마음에 든 고추는 구입하기는 어려웠다.

어릴 적 농촌에서는 땅이 기름지지 않아 배추도 크지 않았고 배추를 양념으로 버무린 후 독을 땅에 묻어 어는 것을 방지했다. 무는 텃밭을 파고 집을 깔고 무를 넣은 후 흙이 쏟아지지 않도록 나무로 지지대를 세운 후 구멍을 내고 볏짚으로 막고 필요할 때 꺼내 먹었다. 땅속은 김치냉장고 역할을 했다.

옛날에는 배추에 흙이 묻어 씻기가 어려웠지만, 지금은 흙이 없고 깨끗해 씻기가 쉬워 50여 포기도 한 시간이면 충분하다. 올해는 고추가 전년보다 두 배로 비싸다. 배추는 전년보다 반 가격이었다. 배추김치의 맛은 젓갈이 좌우하지 않나 생각된다. 그래서 강경 젓갈을 선호하며 올해 사면 내년까지 사용한다. 우리는 아내와 둘이 해마다 김치를 담그기 때문에 대강 머리에 저장되어 있지만 실수를 줄이기 위해 시키는 대로 그때그때 해낸다.

배추가 절여지기를 기다리며 양념 준비를 한다. 먼저 씻어놓은 참깨와 들깨를 볶아내고 불린 찹쌀을 믹서에다 갈아놓는다. 아내는 멸치, 다시마, 버섯 등을 넣어 육수를 끓이고, 씻어놓은 생강을 칼로 아주 잘게 썬다. 나는 마늘, 생강을 믹서에다 갈고, 이것저것 도와준다. 대파. 무, 당근, 갓, 미나리 등을 적당한 크기로 썰어 큰 대야에 놓아둔다. 끓여놓은 육수와 갈아놓은 찹쌀로 죽을 쑤는데 이 일이 상당히 어렵다. 잘못하면 솥의 밑에 눌어붙으므로 계속 저어야 한다. 펄펄 끓을 때까지 한참을 저어줘야 눌어붙지 않으며 가끔 손을 델 때도 있었다.

다음은 준비한 양념들을 큰 대야에 모아 섞으면서 적당량의 고춧가루를 넣어 양념을 완료한 후 양념이 어우러지기를 기다린다. 내일이 김치 담그는 날이다. 며늘아기 둘이 김치 통을 가지고 오면 가져갈 만큼 본인들이 알아서 비벼가고 아내는 다른 곳에 나갈 김치를 버무린다. 나는 절인 배추를 물기를 짜서 배달하고 돼지고기를 사다 삶는 일을 맞는다. 무김치는 절인 후에 양념을 섞어서 바르고 배추김치에 하나씩 섞어 넣기도 한다. 절이지 않으면 물이 많이 나서 김치 통을 넘기기도 한다. 파김치는 미리 다듬어 놓은 후 파 끝을 손으로 떼야 바람이 빠져 부피가 작아지고 양념을 바르고 꼭 설탕을 첨가해야 매운맛이 없어진다.

김치는 양념으로 무를 넣어야 유산균이 나오고 2~3개월부터 1년 정도가 가장 유산균이 많으며 김치 맛도 가장 맛있다고 한다. 3년 묵은 김치라고 자랑들 하지만 맛은 있을지언정 유산균은 별로 없다는 점을 알았으면 좋겠다. 돼지고기를 넣은 김치찌개는 감칠맛은 있지만 여기도 유산균은 미미하다는 점이다. 나는 잘 삭힌 갈치젓갈을 좋아한다. 비린내가 적당히 나면서 맛을 돋구어주기 때문인데 다른 식구들이 싫어해 양보하고 만다.

매년 배추, 무, 고추 등 농산물의 가격이 일정치 않아 농민이나 소비자는 모두 피해를 입고 있다. 이를 방지하기 위해 계약재배가 도입되었다. 농민은 농사만 지으면 되고 판로 걱정은 아예 하지 않는다. 미리 예상 가격을 책정해 기업이나 농민 소비자가 고민하지 않았으면 좋겠다. 또 생산자와 소비자의 직거래를 늘리고 중간상인들의 농간을 뿌리 뽑았으면 좋겠고 농협에서 책임지고 정착시키기를 바랄 뿐이다.

김치를 영양가 있고 오래 보관할 수 있는 방법을 연구했으면 좋겠다. 그리고 각 가정마다 각기 다르게 담은 김치를 통일해서 세계의 김치를 만들어 내야 하겠다. 그래서 중국이나 일본의 기무치를 누를 수 있는 방법을 찾아내야 한다. 우리가 세계특허를 얻어 어느 나라도 넘보지 못하는 우리만의 김치를 세계의 김치로 만들어질 날을 기대한다.

연탄

세상이 점점 정이 메말라 간 것 같다. 해마다 날씨가 추워지면 회사, 사회단체, 공직자와 어린 학생들도 참여해 불우한 이웃에게 연탄을 옮겨주어 흐뭇해하는 광경을 보았다. 직접 참여는 못 하지만 사회복지 공동모금회에 모금을 전달하여 어려운 가정에 겨울나기를 도와주었다.

1960년부터 1980년대까지 서민들의 난방 연료로 사랑을 흠뻑 받았다. 겨울이 오기 전 집마다 연탄을 들여놓으며 좋아하는 풍경이 눈에 선하고 그때의 심정은 부잣집이 부럽지 않았었다. 고향이 산골이라 나무로 연료를 사용하였지만, 객지로 나오면서 연탄을 난방 연료로 사용하였다.

처음에는 19공탄이었으나 화력을 높이기 위해 구멍을 점점 늘려 지금까지 스물두 개로 이어지고 있다. 그때는 연탄 가격에 정부에서 상당한 관심을 보였고 지금도 가격정책을 쓰고 있다고 한다. 이것도 평지면 몰라도 지게로 올려야 할 산비탈이라면 5~10원은 더 올려 줘야 들일 수 있었다. 그것도 오래 기다려야 하므로 미리 주문해야 하고 그 외 돈을 생각해 주어야 제 날짜에 들여놓았다.

그 시절의 겨울은 왜 그리 길고 추웠는지. 지금은 지구의 온난화로 그때처럼 춥지는 않다. 보통 영하 10도 이상이었고 단열이 제대로 되어 있지 않아 여름철 오후는 완전히 찜질방 같았다. 겨울철에는 윗목에 떠다 놓은 물이 얼었을 정도로 추웠던 기억도 있다. 아궁이 가까운 아랫목은 창호지에 기름을 먹인 장판은 새카맣게 탈 정도로 바닥은 뜨겁지만, 외풍이 심해 연탄만 소비하는 그런 구조였다.

연탄은 온종일 방을 따뜻하게 해줬고 언제나 밥과 국을 끓일 수 있는 매력적인 연료였다. 도시는 물론, 농어촌에서도 앞다퉈 연탄 화덕을 들여놓을 수밖에 없었다. 무연탄은 화력도 좋고 값도 비교적 싼 편이었다. 그래도 서민들에게 연탄값은 그리 만만치 않았다.

연탄에 얽힌 사연도 많다. 어떤 사람은 가스중독으로 가족이 다 죽는 예도 있었다. 결혼을 약속한 신부가 변을 당하고, 외아들을 잃기도 하였으며, 많은 사람이 가스에 희생되었다. 내가 아는 독일어 선생의 가족은 다 죽고 자기만 방에서 기어나오다 아궁이 위에 팔을 올려놓아 한쪽 팔을 절단하고도 죽지 못하고 사신 분도 보았다.

일요일 날 연탄재를 버리는 것도 고역이었다. 다행히 공터가 있어 그곳에 버리면 아이들이 가지고 놀기도 했다. 눈이 오고 길이 얼어 미끄러운 곳에는 연탄재를 뿌렸다. 지금의 염화칼슘의 대용품이었다. 연탄재는 농사짓는 분들이 토지의 산성화를 막기 위하여 논밭에 연탄재를 뿌리기도 했다. 공사장이나 꺼진 곳을 채우는 데도 유용하게 쓰였다.

겨울철 연탄 쓰레기 치우느라 고생하였던 청소 아저씨들의 노고가 새삼 고맙게 생각된다. 오랫동안 연탄을 사용했어도 신이 도왔는지 한 번도 연탄가스 중독 사고는 없었다.

요즘은 달동네나 비닐온실 난방용으로 근근이 명맥을 유지하긴 했지만, 연탄의 시대가 막을 내렸음은 누구도 부정할 수 없다. 하지만 최근 이상한 현상이 나타나고 있다. 경제가 어려워지면서 연탄 소비가 다시 늘고, 기름보일러를 연탄보일러로 다시 바꾸는 집도 늘고 있으며 연탄 값도 꽤 올랐다고 한다. 때마침 불어온 복고바람 덕인지 거리에서 연탄 구이집을 보는 것도 어렵지 않다.

연탄은 식당에서 사골이나 곰국을 끓이거나 삼겹살이나 돼지갈비를 구워 먹을 때도 요긴하게 사용한다. 특히 생선을 석쇠에 올려놓고 구우면 먹기에 알맞게 구워진다. 지금도 연탄 위에 올려놓고 굽는 연탄 갈빗집이 호황을 누리고 있으며 티브이에서 선전하는 모습도 보았다.

그때는 가난한 집과 부잣집을 나누는 잣대가 되기도 했다. 부잣집들은 온 겨울을 날 수 있을 만큼 창고에 쌓아놓고 땔 수 있었다. 그러면 연탄이 말라 화력이 세다고도 하고 연탄가스 중독사고도 줄일 수 있다는 소리를 들었다. 가난한 사람들은 돈이 생기는 대로 한두 장씩 사다 쓸 수밖에 없었다.

도시의 저녁 무렵 새끼줄에 연탄 한두 장을 꿰어들고 골목길을 올라가는 가장의 등 굽은 뒷모습을 보는 건 그리 어렵지 않았다. 그 당시 서민들의 꿈은 독에 쌀을 가득 채우고 광에 연탄을 높다랗게 쌓아보는 것이었다.

근래 송년회 행사를 생략하고, 참석자들이 얼마씩 모아 연탄 봉사를 하는 젊은이들이 늘고 있다고 한다. 회사 차원에서도 연탄 봉사를 많이 하고 문풍지를 발라주는 봉사도 늘고 있다며 티브이에서 방송해 자주 보게 되어 고마웠다. 비록 어렵게 살고 있지만 살 만한 세상이라고 생각한다. 땀 흘려 봉사한 후 자신을 돌아보는 계기도 되고 영하의 날씨를 후끈 데워주는 정을 느꼈다.

겨울 풍경

산골의 겨울은 삭막하기 그지없었다. 해는 늦게 뜨고 일찍 져서 저녁은 너무 길고 할 일은 없었다. 눈이 내리지 않으면 놀 거리가 없었다. 산에 가서 땔감을 해 와야 음식을 만들고 불을 때서 방을 따뜻하게 했기 때문이다. 그때는 냇가에 고드름이 바위처럼 얼었고 물이 튀어 주렁주렁 열려 더 춥게 느껴졌다.

눈이 내려 쌓이면 애들부터 청년까지 또래들끼리 놀이가 펼쳐진다. 한 그룹은 묘지나 조금 경사진 곳에서 길을 만들고 비료 포대를 이용 썰매 타기를 한다. 옷이 얇고 장갑도 변변치 않아 추위에 떨면서도 지칠 줄 모르고 해 동무를 했었다. 방앗간 넓은 공터로 가서 눈을 굴려 뭉쳐서 숯으로 눈썹, 눈, 코, 입을 붙이고 눈사람을 만들어

보기 좋게 세워 놓았다. 눈싸움도 하면서 시간 가는 줄을 몰랐다.

처음에는 팽이를 형들이 만들어 주었다. 그 뒤부터는 내가 직접 팽이를 만들었다. 둥근 나무를 골라 꼴을 썰던 작두에다 보기 좋게 깎아 적당한 길이로 썰고 밑에다 조그만 못을 박았다. 삼끈으로 만든 채로 팽이를 얼음 위에서 치면 너무 재미있었으나 땅에서도 가능해 놀았던 생각이 난다. 연도 형들이 만든 것을 어깨너머로 배워 만들 줄 모르는 애들이 없었다. 얼레도 볼품은 없었지만 직접 만들어 썼다. 연을 만들어 앞동산에서 띄우면 바람이 없거나 세게 불면 마음대로 되지 않았다. 적당히 불 때면 가능하지만 형들은 거리낌이 없었다.

연싸움을 한다며 사금파리를 가루로 만들어 풀로 이겨 연실에 바르기도 했으나 별 재미는 보지 못했다. 연이 찢어지면 창호지가 없을 때 아버님이 배웠던 한문책을 뜯어서 만들기도 했었는데 연을 보면 알 수 있었을 텐데 크게 야단맞지는 않았다.

눈이 많이 쌓이면 저녁에는 비둘기나 꿩을 잡기 위해 공모를 했다. 비둘기는 대밭에서 잠을 잔다. 전등과 갈퀴를 들고 대밭으로 가서 대를 흔들면 눈과 같이 떨어질 때 갈퀴로 때려잡았다. 잡았다면 그날 밤은 잔치가 벌어졌다. 꿩은 못 끝을 조금 납작하게 망치로 펴고 구부려서 큰 콩을 골라 구멍을 낸 후 그 속에 약을 넣어 초로 감쪽같이 메꾸어 놓는다.

이튿날은 콩깍지와 몽땅 대비를 들고 산 밑의 밭 가운데에 눈을 쓸고 콩깍지를 뿌린 후 콩을 숨겨놓는다. 그 뒤가 괴롭다. 꿩이 콩을 먹으면 그냥 떨어져 죽지 않고 얼마 지나서 날아가다 떨어지기도 해서다. 몇 명이 멀리서 지켜보고 있어야 한다. 아니면 내일 산 전체를 헤집고 다녀야 찾을 수 있었다. 이때도 꿩을 찾았다면 엄마들이 죽을 쑤거나 국을 끓여 잔칫날이었다.

동네 청년부터 초등생까지 토끼몰이에 나선다. 토끼가 앞다리가 짧고 뒷다리가 길어서 아래로 뛰지 못하다고 교육을 단단히 받고 몽둥이 하나씩 들고 출발했다. 산등선까지 올라가 20~30명이 합동으로 소리를 지르며 내려왔지만, 성공확률은 매우 낮았다. 이 날은 손발이 얼고 눈이 쌓여서 걸어 다니기도 힘겨웠다. 지금 생각하면 눈이 많이 쌓였다면 토끼가 굴에서 나올 턱이 없을 텐데 순진하기만 하고 아는 사람이 없었던 탓이다.

토끼를 잡든 못 잡든 친구네 사랑방으로 모인다. 젖은 양말도 말리고 추위도 녹일 요량이다. 사랑방 시렁에는 종이로 싼 관이 있었다. 친구 할머니의 관이라고 했다. 우리는 가끔 무서운 생각을 했었다. 관을 미리 짜놓으면 오래 산다는 이야기가 있어서다. 지금 돌이켜보면 아니라는 생각이 든다. 농촌에는 집마다 통나무가 하나씩 기둥에 매여 있었다. 집안에 어르신이 돌아가시면 관을 만들 요량이다. 두 사람이 큰 톱으로 통나무를 타서 관을 만드는데 목수가 있어야 하고, 여러 사람이 같이하면서 힘겨운 일이다. 그 때문에 한가할 때 미리 준비해 놓았다.

겨울에는 문을 여닫을 때 찬바람이 들어오므로 문풍지를 잘 붙인다. 황소바람이 들어오고 문풍지 떠는 소리에 더욱 춥게 느꼈던 것 같았다. 농촌에 처녀 · 총각이 많아 그냥 넘기지 않고 무슨 일들을 벌였다. 밤에는 손님 오시면 주려고 감나무에 올려놓은 감을 서리해서 먹기도 하고, 생고구마를 깎아 먹기도 하고, 언 두부를 사다 덜덜 떨면서 먹었다.

음력 보름날은 동네를 돌며 볏단을 가져오고 머슴들과 청년들은 생솔가지를 쳐오기도 해서 동네 앞 논에 달집을 아주 크게 만든다. 어른들은 대밭에서 대를 베어다 가운데다 세우고 연을 매달고 소원을 적어 넣는다.

애들은 철사를 매단 깡통에다 관솔을 넣어 불을 붙여 돌리면서 쥐불놀이를 했다. 보름달이 뜰 무렵에 달집에다 불을 붙이면 동네 사람들이 다 모이고 농악패들까지 어울려 한판을 벌인다. 소원을 적어 넣은 연들이 활활 타면서 모든 소원이 이루어지길 빌었으니 아마 이루어졌을 것이다. 이렇게 겨우내 춥고 떨면서 재미나게 놀았던 놀이는 보름날로 끝이 났다.

5일장

고향 오일장이 활동사진처럼 눈에 선하다. 각종 생필품은 이십여 리 떨어진 오일장에서 마련했다. 4일, 9일이 오일장 서는 날이다. 가깝게 가려면 저녁에 내린 이슬을 털면서 꾸불꾸불 산길을 내려 가야 한다. 갈 때는 거리도 짧고 쉬운데, 돌아올 때는 고개를 굽이굽이 돌아서 올라와야 하니 힘겨우나 대다수가 이 길을 택한다. 한복을 차려입기도 하고, 갓을 쓰신 어르신들도 있었고, 신작로에는 이 마을 저 마을에서 사람들이 모여들었다.

걸어서 냇물을 건너 입구에 들어서면 넓은 면적에 소, 닭, 개, 돼지 새끼 등을 파는 소전이 있다. 소전에는 말뚝을 야무지게 박아 송아지부터 어미 소까지 매 놓고 흥정을 한다. 이곳을 지나가면 헌 옷

전이 나오는데 목소리를 높여 흥정하느라 눈코 뜰 새가 없고 사람들은 이것저것 고르느라 난장판이다. 조금 지나면 삼베전, 초석전은 흥정이 한창이고, 그 옆에는 어물전으로 동태, 홍어, 갈치, 조기, 꼬막을 파느라 정신이 없었다.

어머니는 장날이면 오 일 내내 밤을 새워 짠 삼베를 새벽에 이슬을 맞혀 다리미로 다린 뒤 손질하신다. 여름에 땀 흘려 가꾸신 왕골로 돗자리를 만들어 머리에 이고 가셨다. 철 따라 마른 고추 등 농산물을 등에 지고, 머리에 이기도 하시고 물건이 많을 때는 소달구지에 맡기기도 해서 장에 가신다. 판 돈으로 생선, 옷가지, 농기구, 생필품도 사 오셨다. 가을걷이 뒤에는 참깨, 또는 들깨로 기름을 짜오기도 하시고 여러 가지 살림도 장만하셨다.

느티나무 아래는 편을 갈라 윷놀이와 장기놀이가 한창이었다. 이곳은 주로 중년 이상의 사람들이 모여 돈내기를 하고 있었으며 가끔 큰 소리가 나고 싸움을 한 것처럼 떠들썩했다. 그 옆에는 농산물을 팔고 사는 곳으로 처음 본 저울이 있었고 말이나 되로 사고팔았다. 그 건너에는 식당이 줄지어 있어서 장꾼들이 북적북적했다. 이때는 돼지껍질을 술안주로 술을 마셨다. 나가는 골목으로 널빤지나 좌판에 공산품들이 놓여 있고, 한쪽에는 채소들이 널려 있었다. 양철집이 100개 있으며 가게마다 한복, 흰 고무신, 검정 고무신, 장화, 검정 운동화가 수북이 쌓여 있었고 없는 것 없이 다 있었다.

장은 다섯 면민이 모인 곳으로 큰 오일장에 속한다. 어머니가 장에 가시면 검정 고무신이나 검정 운동화도사 오실지 무척 기다려지곤 했었다. 장날은 남자의 경우는 멀리 사는 친구도 만나고, 사돈도 만나 국수나 돼지국밥을 먹으며 막걸리도 한잔하며, 지난 소식들을 듣는다고 하고, 군대 동기들도 만나면 옛날 전우애를 확인도 했다고 들었다. 여자들은 고향 동네 소꿉친구들과 괴로움과 슬픔을 털어놓으며 수다를 떨고, 친정 부모님 소식에 눈물을 흘리기도 했다고 하였다.

공터에는 각설이꾼들도 있었다. 주로 약장수가 많았으며 구수한 입담으로 사람들을 모으고 만담으로 사람들을 웃기고 울렸다. 흘러간 노래로 흥을 돋워가며 생활에 필요한 약을 팔았다. 주로 동동구루무, 호랑이 연고는 만병통치약인 양 팔려나갔다. 낱알로 만든 소화제를 사 오기도 하여 식구나 이웃이 아프거나 불편하면 나누어 썼다. 키가 작아 약장수의 굿을 볼 수가 없어 틈으로 들어가 간신히 보았던 기억이 난다.

여러 가지 색깔을 묻힌 몽당붓으로 고사성어를 그림으로 그려 주기도 했는데 문지방에 걸어두면 길한 일만 있고, 흉한 일들은 물러가라는 내용이다. 사주팔자도 봐주고 결혼할 길일을 알아 오기도 했다. 그때의 생활이 다 어렵고 힘들었지만, 세월이 아픈 상처를 녹여주었다.

장날마다 아는 사람들을 만나서 막걸리 한잔에 아픈 마음이 점점 녹아내렸을 것이고 홀가분한 하루였다는 이야기를 들었다. 관혼상제 시에는 그릇 집에서 접시와 각종 그릇을 빌려와 행사를 치른 뒤 깨진 것은 변상하고 색깔이 다른 것은 맞네, 안 맞네 옥신각신하면서 반납하기도 하였는데 이런저런 애환이 서린 곳을 아저씨를 따라 가서 보았다.

어릴 적 호기심에 부모님을 졸라서 몇 번 따라가 보면 없는 것이 없었다. 장을 돌아보고 놀란 적이 있었고, 고무신과 운동화가 있는 점포에서는 발이 떨어지지 않았으나 운동화를 신고 싶어서였을 것이다. 돼지국밥을 사주셔서 맛있게 먹어보기도 했다. 오일장의 특이한 점은 소, 개, 닭, 염소, 삼베, 왕골 돗자리를 사고파는 곳에는 흥정해주고 구전을 받는 완장을 찬 거간꾼이 있다.

이 사람들은 좋고 나쁨을 등급으로 매겨서 가격을 정하고 흥정을 한다. 그러나 팔려는 사람보다는 사려는 사람들에게 유리하게 가격을 매겨야 구전이 많아지기 때문인데 파는 사람의 입장에선 불만이 있었을 것이다. 그러나 거간꾼이 없다면 공정한 가격정보를 모르기 때문에 구전을 주면서도 그 사람들을 외면할 수 없었다. 우리 친척분이 소전과 삼베전에서 거간하신 분이 있었다. 그분은 공정했겠지만 부모님은 그분이 우리를 유리하게 하셨다고 생각하셨을 것이다. 누구나 자기 생각이 맞는다고 느끼기 때문이다.

구정 마지막 장날이면 부모님이 설빔을 사 오는 날이다. 해 질 녘이 되면 누나, 동생들, 이웃집 애들까지 오 리가 넘는 신작로까지 마중 나가 부모님을 기다렸다. 부모님과 함께 돌아오면서 우리도 무엇을 사 오셨을까 들떠 있었고 부모님도 자식들에게 설빔해주시니 흐뭇하셨을 것이다. 집으로 돌아와 방에서 짐을 풀어놓으면 시장이 된 느낌이었다. 운동화, 양말, 내복, 두꺼운 잠바와 바지를 서로 입어보기도 하면서 떠들썩했었다.

돌이켜보면 온 식구가 너무나 행복한 때가 아니었나 생각한다. 또 고등어, 갈치, 동태, 돼지고기 등을 사 오셔서 온 식구가 푸짐하게 저녁 식사를 하였다. 특히 삭힌 홍어를 먹으면 목구멍까지 톡 쏴주어 고생했지만, 지금은 그 맛이 잊히지 않고 그립다. 지금은 곳곳에 슈퍼가 생기기도 하고, 인구도 줄어 시골 오일장은 없어지지는 않았지만, 명맥만 유지한다고 한다. 요즘은 마을로 백화점 트럭이 자주 다니다 보니 걱정이 없다고 하지만 그 시절이 눈에 선하다.

은행나무

조선 시대에는 유교 교육의 상징으로 선비들이 학문을 익히는 서원이나 유생들이 과거시험을 준비하는 향교에는 으레 은행나무를 심었다. 은행나무는 향교의 상징적 나무로 벌레를 타지 않듯이, 유생들도 건전하게 자라 바른 사람이 되라는 의미를 담은 뜻이라고 한다. 그 때문에 전국 곳곳의 사원이나 향교에는 500~700년 된 은행나무가 시대 변천을 다 보고 잘잘못을 알고 있다.

신령스러운 은행나무도 있다. 용문사 은행나무는 천왕목으로 사천왕문의 역할을 한다고 한다. 그 절에는 사천왕문이 없는 대신 은행나무가 정법을 수호하고 마귀로부터 습격을 예방하고 있다고 한다. 그 나무는 나라에 변고가 있을 때 소리 내어 울었다고도 전한다. 내가 어렸을 때 제각에 큰 은행나무가 있었다. 은행이 몇 가마니가 열어 팔아서 시제를 모신다는 이야기를 들었다.

제주도의 감귤나무, 고흥의 유자나무와 함께 한때는 대학나무로도 알려졌었다. 지금은 많이 변했지만, 감귤과 유자는 명목을 유지하나 은행은 예전의 명성에서 사라져가고 있다. 사람이건 나무건 자기 터전이 아닌 곳에 발붙이기 어렵다. 은행나무는 수명이 천년이라 하고, 크기도 장대함을 다 아는 사실이다. 가까운 경기전이나 향교를 지키는 은행나무만 살펴봐도 알 수 있다.

은행나무는 여름에 파란 잎을 무성히 피워 그늘을 만들어주고 해충이 달려들지 못해 이파리는 더욱 영롱해 보인다. 어떨 때 첫눈이 빠르면 천천히 잎을 떨구는 것이 아니라 일시에 떨궈버려 오히려 보기 흉할 때도 있다. 또 청소하는 분들의 노고가 컸다. 초파일에는 연등을 크리스마스에는 오색전구를 칭칭 감아 놓거나, 국경일에는 태극기를 게양하기도 한다. 현수막 광고물의 설치는 일상이 되었다.

자동차와 건물에서 뿜어내는 매연도 은행나무가 죽어가는 주범이다. 보도블록이나 시멘트, 아스팔트가 뒤덮인 환경에서 뿌리내리기가 어려워 오히려 이들을 뚫고 올라오기도 하며 사람들의 보행에 지장을 주기도 한다. 가는 곳마다 수족을 잘린 채 보기 흉할 뿐만 아니라 가을에는 주렁주렁 달린 은행 때문에 자치단체에서는 골머리를 앓고 있다.

몇 년 전에는 은행을 따간다고 방송도 하고 단속도 하였다. 지금은 지자체에서 인부를 동원도 하고, 차를 이용해 따기도 하는 안타까운 풍경을 보았다. 은행나무 수종을 바꾸어야 한다는 신문 기사를 보았다. 암은행나무는 베어낸 후 수은행나무로 점차 교체해 나가고 다른 수종으로 바꿀 예정이라고 한다. 이럴 경우 몇십 년이 지나면 애들이 은행을 보고 무슨 열매인지 모를 수도 있겠다는 생각도 들었다.

은행나무 단풍은 황금색으로 일시에 우수수 떨어져 시민들로부터 사랑을 받는다. 나는 영주 부석사 앞길의 떨어진 단풍과 불빛에 물든 단풍을 보면서 너무 아름답다는 말을 듣고 올해에 다녀왔다. 조금 일러 절반쯤 물든 단풍들이 바람에 한 잎, 두 잎씩 떨어져 나는 모습도 보기 좋아 잊히지 않는다. 또 다른 은행나무 숲길을 걸어보기도 했지만 주인의 시름도 깊다고 한다. 은행의 판로가 미미하고 처치할 수가 없기 때문이다. 어떤 좋은 곳에 쓰일 수 있도록 연구가 필요하다.

한옥마을에 있는 향교로 수필반 야외수업을 갔었다. 서리가 많이 내려 노랗게 물든 단풍잎이 땅에 수북이 떨어져 좋아하는 모습들이 천진난만한 어린이들처럼 보였다. 은행잎을 한 움큼 집어던지며 깔깔 웃으며 사진을 찍는 모습이 보기 좋았다. 400~500년쯤 고령의 나무가 절반은 썩어서 인공으로 메워 놓은 모습을 보았다. 암은행나무는 고목으로 안타깝게 가지가 줄어들었고 은행도 작고 쪼글쪼글해져 초라하게 보였다.

이는 자식을 여럿 둔 어머니처럼 몸이 쇠약해지지 않았을까 생각해 보았다. 그러나 수나무는 아무 병치레도 없이 꿋꿋하게 가지가 하늘을 향하고 기상을 뽐내고 있었다. 이들은 오랜 세월 동안 꿋꿋이 버티며 살아온 나무들로 이곳에서의 일어났던 역사를 방문객에게 알려주려는 모습을 본 듯하다. 어릴 때 은행나무 잎 파리를 책갈피로 썼었다. 오늘 주운 은행잎으로 이책 저책에 책갈피로 끼워 넣어야겠다.

재산상속유감

우리나라는 자수성가한 재벌은 드물다고 한다. 그러나 미국의 경우 재벌의 70%가 자수성가한 기업이라 하니 얼마나 대조적인가. 간단히 애플의 창업자 스티브잡스, 아이비엠 창업자 토마스 왓슨, 마이크로 창업자 빌게이트는 대학을 중퇴했지만 세계적인 부호로 성장했으며 기부단체를 만들어 학교와 어려운 사람들을 위해 기부를 하고 있음을 볼 때 가치관의 차이를 느낄 수 있다.

요즘 롯데가의 형제간 재산다툼으로 세간의 매스컴에 오르내리고 혀를 차는 분들이 많다. 모 기업에서는 아버지는 구속되고 형제간에 소송이 물고 물리는 세태를 보고 씁쓸한 마음이 든다. 그러나 또 한편으로는 대기업 부회장을 지낸 분은 전 재산 약 1700억을 통일기

금으로 기부하시고, 재벌은 아니지만 평생 새 운동화 한 켤레 신어 보지 못하고 이룬 전 재산 75억을 카이스트 대학에 기부약정을 하면서 훌륭한 인재를 부탁하신 부부도 있었다. 카이스트 대학 측에서는 이 부부에게 새 운동화를 사주셨다고 한다. 이래서 세상은 살아볼만 하다고 했지 않았나 생각되었다.

속담에 왕대밭에서 왕대 나고, 분죽밭에서 분죽 난다고 하고, 요즘 금 수저 흙 수저가 매스컴에 오르내리는데 무슨 일이든 실패를 두려워하지 않는 도전정신으로 덤빌 때 자수성가형 재벌이 탄생될 것이다. 옛말에 아들 나면 서울로 보내라고 했는데 지금은 자식을 우리나라에 묶어두지 말고 미국의 실리콘벨리나 이스라엘 같은 곳으로 활동무대를 넓혀 줘야 한다. 이 기회에 무조건 자식에게 기업을 상속하지 말고 외국처럼 전문경영인체제로 전환하여 투명경영과 세계적인 기술 축척으로 나라 발전과 국민에게 신뢰하는 기업들이 많아졌으면 좋겠다.

재벌들은 그렇다 치고 일반인들도 재산 때문에 대학교수가 아버지를 죽이고, 아버지가 살아 있는데 형제간에 유산 싸움하는 경우를 매스컴에서 자주 보았다. 또 부모가 돌아가셔 슬픔에 흐느끼는 중에도 재산 때문에 진흙탕 싸움을 벌인 가족이 많다고 한다. 형제간에 소송으로 남남이 되고, 끼리끼리 소송을 한다는데 돌아가신 부모님의 가슴이 얼마나 아프겠는가? 나이 들어보니 남의 일이 아니고 내 일이라 생각하니 마음이 혼란스럽다.

요즈음은 재산 1억 미만 소송이 대다수라고 한다. 중산층과 저 소득층에서 상속 분쟁이 늘고 있는 현상은 아마 소득이 줄면서 살아가기가 어려우니 이런 현상이 나타나고 있지 않나 씁쓸한 생각이 든다.

부모도 자식들의 싸움이 없도록 살아서 공증이나 적절한 방법으로 상속한다든지 죽기 전에 원만히 해결한다면 형제간에 남남되는 일은 없지 않을까 생각해 보았다. 한편으로는 이구동성으로 죽을 때까지 꽉 쥐고 있어야 한다고들 하는데 어떻게 할 것인지는 부모들이 자식들을 잘 알고 처리하면 좋을 것 같다. 어떤 자식은 부모를 제주도나 외국에 여행 중에 버리고 온다고도 하는데 가슴이 아프지만, 자식도 그만한 사정이 있었지 않았을까도 생각하면 참으로 안타까운 심정이다.

부모들도 생각해 볼 점이 있다. 미국이나 선진국은 대학교부터 본인이 벌거나 대출받아 공부하고 재산상속도 조금 준다고 한다. 우리나라는 자식을 너무 사랑한 나머지 아무 어려움 없이 대학교까지 가르쳐주고 결혼비용, 아파트까지 사주다 보니 세상 무서운지 모르고 사회에 발을 들여놓게 된다. 요즘 일부 엄마들은 강의신청을 학점을 후하게 주는 교수를 찾아가 대리로 해준다고도 한다. 이러므로 조그만 고난도 이겨내지 못하고 결국 부모 마음까지 아프게 하고 노후자금까지 털어내는 결과를 낳게 된다. 본인 스스로 난관을 헤쳐나갈 수 있는 역량을 길러줘야 자식들의 앞길이 탄탄할 것이다.

나도 아들이 둘인데 상속할 재산이 없어 싸움이 없을 것으로 믿지만 큰아들의 성품이나 됨됨이, 사회생활 하는 모습을 보면 동생에게 유리하게 처리하지 않을까 생각하며 아버지의 마음을 알아주었으면 좋겠다. 부모도 내 재산이니 내 마음대로 상속한다면 분쟁의 단초를 제공하게 된다. 가급적 상속비율에 따르되 혹시 어느 아들이 부모가 생각할 때 어렵게 살거나 병중에 있을 경우 자식들에게 충분히 설명하고 양해를 구한다면 좋은 유산분배 사례가 될 것이다.

우리나라 민법은 아들이나, 딸들이 동등하게 재산을 상속하고, 배우자에게도 이와 비슷하다. 때문에 부모를 모시려는 자식들이 없어 안타까운 마음이다. 돈 때문에 부모를 모시고, 안 모시고 하는 아들이나 딸이 없을 것이다. 가능하다면 부모를 모신 아들이나 딸에게 재산의 많고 적음을 따지지 말고 절반을 주고, 나머지를 다른 자식에게 나누어 줄 수 있게 민법의 개정이 필요하다고 생각된다.

이럴 경우 지금처럼 부모를 모시지 않겠다는 자식이 줄어들 것이라 믿는다. 그러면 부모의 노후가 조금은 수월하지 않을까 되새기며 지금의 세태가 너무 가슴이 아프다.

20일의 고뇌

의학과 과학이 발달로 평균수명이 늘어 건강하게 아흔을 넘긴 분들이 주위에 많다. 운이 좋아 60세에 퇴직하면 30년을 더 살아야 하니 건강을 위해 부단한 노력이 필요하다. 불편한 몸으로 자식을 비롯하여 다른 사람에게 짐을 지운다면 오래 산다고 무슨 의미가 있을까.

나는 직장의 근무 여건상 음식을 빨리 먹는 습관으로 위장이 좋지 않아 고생을 많이 했다. 오래전 여름에도 증세가 심해 위내시경 검사를 받았다. 평상시와 같이 염증이 있다고 해서 60여 일 약을 처방 받았었다. 친분이 있었던 의사는 이왕 아침을 걸렀으니 복부초음파를 해보라고 권하여 세밀하게 검사를 했는데 간에 2~3센티의 종양이 발견되었다. 소견서를 가지고 종합병원 특진 신청을 했다.

접수 후 CT 촬영, 방사성 동위원소 촬영 등을 했다. 예약 기간과 결과가 나오기까지 20여 일이 걸렸다. 그 무렵에는 암이 생기면 절반 이상이 죽을 때였으니 걱정이 이만저만이 아니었다. 지금까지 살아온 삶이 허무하고, 왜 나에게 이런 슬픔이 찾아왔는지 내 삶을 되돌아보는 계기가 되었다.

아직 공부를 못다 한 아들들이 떠올랐다. 서울 유학 중인 큰아들, 지방대 다니는 작은아들을 공부시켜서 남이 부러워하는 삶을 살기를 바라던 내 꿈은 산산조각이 나고 말았다. 내 아들들도 나와 같이 밑바닥 인생을 살아가겠다고 생각하니 한숨과 괴로움뿐이었다.

아내는 사회경험도 부족하고 돈을 벌어본 일도 없으니 이 삭막한 세상의 파도를 어떻게 헤쳐 나갈 수 있을까 생각하니 가슴이 미어지는 듯했다. 말단 직원의 월급으로 살림 꾸리느라 변변한 옷 한 벌 사주지 못하고, 그 흔한 외국 여행 한 번 시켜주지 못한 내가 그때처럼 초라해 보일 때가 없었다. 다리에 힘이 풀려 몇 번을 주저앉을 뻔했지만, 정신을 가다듬고 주변 정리를 해 나갔다. 큰아들 규하는 공부도 잘하고 대인관계도 원만해 친구도 많아 걱정이 덜했지만, 작은아들 규홍이는 공부도 좀 부족하고, 끈기도 모자라 보여 더욱 걱정되었다.

큰아들에게는 어렵지만, 과외를 해서라도 대학을 졸업하면 어머니 잘 보살펴드리고 동생을 사랑하고 챙겨주라고 부탁했다. 작은아들에게는 형의 말이 아버지 말이라 믿으며 따르고 어머니 외국 구경도 부탁하는 당부의 글을 쓰면서 눈물 때문에 여러 번 나누어 글을 완성했다.

20일 만에 결과 보는 날 오후에 힘없이 대기실 앞에서 기다렸다. 가슴이 떨리고 불안해 안절부절못하고 있는데 내 차례가 되었다. 내과 과장이 검사 자료를 보면서 마음고생이 컸겠다고 했다. 다행히 암은 아니고 혈관종이라면서 매년 크기 등이 변하는지 확인할 것을 권했다. 혈관종이란 어느 장기에도 있으며, 물혹이라고도 하는데 몸을 혹사하거나 충격을 주면 좋지 않다고 했다. 안도의 한숨을 쉬었지만 그래도 걱정이 되었다. 결과를 식구들에게 전하니 왜 혼자만 고민했냐고 핀잔을 주었다. 내 생각엔 고민을 같이 해도 줄어들지 않을 것이고, 다른 사람의 마음마저 상하게 할 필요가 없기 때문이라고 말했다.

그때의 20여 일을 생각하면 지금도 가슴이 떨리고 다리에 쥐가 나지만 건강을 위해 내가 좋아했던 테니스를 그만두고 요즘은 아내와 같이 새벽에 헬스장에서 근력과 유산소 운동을 하며 건강을 유지하고 있다. 될 수 있는 대로 이룰 수 없는 근심과 걱정을 하지 않고, 마음을 편안히 가지면서 사소한 욕심을 버리려고 한다.

우리 가족은 전주에 다 살고 있기에 특별한 약속이 없으면 일주일에 한 번 꼭 만나서 손자들 얼굴도 보고 식사도 하면서 남들이 부러워하는 삶을 살고 있다. 가끔 아들들에게 써 놓은 글을 꺼내보면서 혼자 눈물을 흘리곤 하는데 그때의 일이 문득문득 생각나기 때문이다. 고뇌의 20여 일 지난 뒤 나는 다짐했다. 한 세상 가고, 두 세상을 사는 마음으로 직장을 다녔고, 선후배들의 도움으로 정년퇴직도 했다. 퇴직 후 3개월 만에 직장 선배의 도움을 아르바이트로 직장을 구해 10여 년을 다녔다. 보수는 적지만, 아침에 머리 감고 출근하는 즐거움으로 건강도 찾았고 경제적으로 도움도 받았다.

그때 미덥지 못하게 생각했던 작은아들은 외국계 회사에 입사하여 직장생활 잘하고 아들 딸 낳아 잘 살고 있다. 미덥다던 큰아들은 사업하면서 아들 낳고 잘살고 있다. 아내와 같이 외국 여행도 여러 번 다녀왔다. 이 모든 일이 이웃의 도움과 부모님의 은덕이며, 하나님의 보살핌이라고 생각한다.

행복이란

사람에 따라 삶의 가치관이 다르듯 행복의 기준도 다를 것이다. 건강과 경제력을 원하고 권력과 사회적 직위를, 지식과 명예를 바란 사람도 있을 것이다. 하나를 채우면 또 하나를, 하나를 하다 보면 끝이 없을 것이다. 욕심이란 그릇은 채우면 채울수록 허기지는 특성이 있다고 하니 결국 불행의 늪으로 빠지지 않을까 걱정이 되기도 한다. 지금 사회는 너무 많은 스트레스 속에 살고 있다. 인생이란 스트레스의 연속이 아닐까 생각한다.

사람들은 너나 할 것 없이 성공을 위하여 지름길이라고 생각하면 앞, 뒤 가리지 않고 달려간다. 다른 사람을 거짓으로 속이기도 하고, 차이기도 하면서 오르고 또 오르지만 혹 가시밭길인 경우도 있고 운이 좋아 줄을 잘 섰다면 쉽게 성공할 수도 있을 것이다. 어떤 부류는 규정을 어기고 반칙을 하여서도 성공하면 그만이라고 생각하는 사람도 있을 것이다. 이런 성공은 행복을 느끼지 못할 것이다.

내 손녀딸도 세 살부터 무슨 학습이다, 구구단 외우기, 한글 익히기를 하면서 눈물 흘리는 모습을 안쓰럽게 옆에서 지켜보았다. 지금은 초등학생이지만 방과 후 학습이 끝나면 피아노 학원에 간다. 다시 태권도 학원으로 가서 엄마 · 아빠 퇴근 시간에 맞춰 집에 온다.

요즘 스펙이다 뭐다 하면서 성인은 물론 어린 학생들까지 정신없이 뛰어다닌다. 학력이 좀 모자라도, 돈이 좀 부족해도, 없으면 없는 대로, 살다 보면 어쩌면 마음이 편안할 것이다. 나도 늦은 나이에 취직했고 학력, 돈 기타 내세울 만한 게 하나도 없었지만 그래도 시간이 다 해결해 주었음을 경험으로 알았다. 우리 인생은 그리 길지 않다. 조금 부족하더라도 서로 이해하며 가족과 함께 어울리며 행복을 누린다면 나쁘지 않을 것이다. 우리가 살면서 너무 큰 것을 바라지 않고 조금 작고 모자라지만 감사할 줄 알면서 서로 돕고 산다면 화목하고 행복한 삶이 아니겠냐고 생각해 보았다

인문학 강의에서 행복 지수가 제일 높은 항목은 가족이나 사랑하는 사람과 여행하는 것이라고 들었다. 시간이 충분하다면 패키지가 아닌 자유여행으로 가끔 차도 타고, 느긋하게 고적을 돌아보고 온천에서 목욕도 하며 평소에 먹고 싶었던 음식을 먹는다면 행복이 배가 될 것이다. 사람이 열심히 사는 것도 중요하나, 내가 하고 싶은 일을 하면서 취미 생활도 즐긴다면 더 좋을 것 같다. 주말이면 가족과의

여행을 이야깃거리로 만들어 행복했던 순간들을 떠올린다면 행복이 넘칠 것이다. 그러나 행복을 어떤 물건이나 가치가 충족되었다면 다시 다른 물건으로 옮기면서 오래가지 못한다고 하였다.

나는 장애인 단체가 많이 모여 있는 곳에서 10여 년 동안 일하면서 장애인의 부모님들과 자주 대화를 하였다. 그분들의 바람은 돈이나 행복을 바라지 않았다. 30이 넘는 자식이 지능이 부족하고 거동이 불편하여 매일 단체에 데려다주고 데려간다. 정신장애가 심하면 보호인 것까지 붙여 보살펴 주지만 부모의 처지에선 잘해주지 못해 가슴이 아프다고들 하였다. 그분들의 바람은 장애아들, 딸들이 나보다 먼저 죽으면 행복할 것 같고 눈감고 죽을 수 있다는 말씀을 자주 들었다.

그러나 장애인 본인들은 부모님과 생각이 다르다. 마음 씀씀이가 그늘이 없고, 정직하다. 장애가 덜하면 월 20~40만 원을 받고 시간제로 일도 하는데 너무 즐거워하며 결혼하여 잘 살겠다고 생각한다. 개인이나 사회로 보아 좋은 현상이라고 생각했었다.

돌이켜보면 나는 장애인 아들을 두지 않음이 얼마나 행복한지를 그분들을 보고, 말씀을 듣고 알게 되었다. 장애인 부모의 희생하는 모습이 애처롭기도 했고 아름답다고 느끼기도 했었다. 행복과 불행은 자기 마음에 따라 좌우되지 않나 생각하며 지금 내가 얼마나 행복한지 새삼 느껴진다.

우리는 종종 겉으로 보이는 행복에 매료된다. 그 모습이 화려하니 내 모습이 더없이 초라해 속상할 때가 많았다. 어쩌면 상대방은 자신이 지닌 행복만 보여준 것인지도 모른다. 굳이 이면의 불행까지는 얘기하지 않으니까. 여러 면에서 너무 행복해 보이지만 보이지 않은 속내를 다 보여주기 싫은 어둠이 하나씩 있게 마련이다. 행복은 외면보다는 내면이 더 중요함을 알면서 나는 점점 누군가를 부러워하지 않게 되었다.

누구든지 행복에 목말라함은 남이 가진 것을 가지려 할 때 불행해진다. 남이 가진 물건을 가졌을 때 행복함은 오래가지 못하고, 바로 다른 사람이 가진 것을 가지려 하므로 불행을 반복하게 된다. 어떤 물건을 가지려 할 때 행복은 채워지지 않는다고 한다. 자신과 타인을 비교한다면 결코 행복해질 수 없다. 얼굴이 미인이면 몸매가 빠지고, 여편이 미인이면 남편이 이만 못한 것 같다. 타인과 비교하면 그날로 나락으로 떨어질 수 있다.

나는 행복이 무한정이 아니고 내 팔을 벌려 잡을 만큼만 주고, 그 외에는 가질 수 없도록 했던 것 같다. 아무리 잘나가는 부자라 해도 훨씬 큰 것을 가질 수도 없고 또 두 팔로 더 움켜쥘 수 없다는 것도 알았다. 어느 정도 도달했으면 그만두어야 하는데 억지로 구겨 넣으려 하니 찢어지는 경우가 생긴다.

우리가 원하는 행복을 얻는다고 해도 그 행복을 느끼는 것은 한순간이라고 한다. 일단 그 행복에 익숙해지면 더 행복을 느끼지 못한 것 같다. 그래서 나는 행복이란 절대적이거나 영원한 행복은 없다는 것을 알았다. 행복은 어떤 기준도, 저울로 달아 보일 수가 없어서다. 큰 것이 아닌 소소함을 이룰 때 진정한 내 안의 행복이라고.

6부

야간 굿판

해설이 있는 음악회

지인으로부터 음악회 표를 받았다. 음악에 대한 지식도 없거니와 가 본 적이 없어 망설였지만 표를 본 손녀딸이 가고 싶다는 말에 용기를 냈다. 차가 막히는 주말이어서 겨우 시작 전에 도착할 수 있었다. 좌석은 이미 꽉 차 있었다. 아이들 손을 잡고 온 부부들과 단체 관람을 온 학생들과 선생님도 보였다. 음악회에 처음 와서 본 무대 위에 커다란 그랜드 피아노가 놓여 있는 것도 낯설었다.

입구에는 '해설이 있는 음악회'라는 포스터가 붙어 있었고 오늘의 주인공 피아니스트의 사진이 담겨 있었다. 프로필에는 독일 베를린에서 최고연주자 과정을 마치고 국내에서 연주 활동과 대학에서 후진양성을 위해 열정적인 활동을 하고 있었다. 보통 피아노 연주는 청중은 듣기만 하고 피아니스트는 준비한 곡만을 열심히 연주하고 끝내는 경우가 대부분이다. 이번 음악회는 피아니스트가 시작하기 전 작곡가와 곡에 대해 청중들에게 직접 설명하고 연주하는 새롭게 시도하는 것임을 알게 되었다.

첫 번째는 모차르트 곡으로 35년의 생애 동안 금수저로서 수많은 교향곡과 오페라 소나타를 작곡한 거장으로 위대한 작곡가 중의 한 명이다. 이 곡을 들을 때 서정성이 나타나는 대표적인 작품 중의 하나로 표정과 템포가 잘 조화된 곡이며 작곡가의 독창성이 뛰어난 작품이라고 설명을 듣고 감상했다

두 번째는 베토벤 곡으로 전성기에 음악가가 귀가 들리지 않으면 죽음과 같았으나 그는 더 좋은 곡을 작곡해 세계인을 놀라게 한 위대한 음악가다. 이 곡은 즉흥적이고 서로 다른 모티브들을 연결하고 조 옮김을 되풀이 한 곡이다. 또 분위기의 변화를 꾀하고 이를 효과적으로 나타내기 위해 박자를 계속 변화하며 즉흥적인 부분과 선율적인 부분이 교대로 나타나는 특징을 지닌다는 설명을 들었다.

세 번째는 멘델스존 곡으로 그는 모차르트나 베토벤처럼 비극적인 생애를 보내지 않고 결혼, 물질 등 풍족한 생활을 보냈으며, 연주회도 곳곳에서 성공을 거두었다고 설명을 들었다. 이번 연주는 3악장 곡으로 아르페지오에 의한 카덴차 풍의 짧은 서두로 시작되며, 조성과 박자도 바꾸지 않아 지루하게 느낄 수 있다. 소나타형식으로 이루어졌다는 설명을 듣고 나니 온화한 느낌의 감흥에 보탬이 되었다.

마지막 네 번째는 드뷔시 곡으로 여러 곡을 연결해서 들었다. 닻

을 내린 배의 묘사로 날카로운 물결의 움직임이나 부드러운 미풍이 배에 부딪히는 잔물결이 흩어지는 모습을 상상하며 곡을 들었다. 그 뒤 돛의 온화함과 서풍이 중간지점에 놓여 있으며 너른 들판에서 메마른 바람이 힘이 세졌다가 멈추고, 정적 뒤에 또 질풍처럼 모이고, 사나운 돌풍이 되었다가 스스로 사라지는 풍경을 연상하며 곡을 들었다. 또 무시무시하고 파괴적이며 당당하고, 힘센 바람을 묘사하여 폭풍처럼 강렬하고도 열정적인 피아노 독주를 들으며 가슴이 후련해졌다.

나는 이번 피아노 연주를 들은 후 오스트리아를 여행하며 모차르트의 위대함을 곳곳에서 느꼈다. 그의 고향 잘츠부르크는 태어난 집과 미래 벨 정원 가는 길에 그가 자란 집이 관광객들로 붐볐다. 잘츠부르크 성, 게터 라이트까지 어울려 유명한 관광지였다. 어머니의 고향 길겐은 경치가 아름답고 모차르트 어머니 고향이란 점이 어울려 유명관광지로 개발되어 이곳도 관광객이 붐볐다. 온 나라가 모차르트가 아닌 곳이 없었다. 또 그의 위대함은 황제들의 의전이 치러진 슈테판대성당에서 결혼하고, 애석하게 젊은 나이에 죽었지만, 대성당에서 장례식 미사를 치른 점은 그의 위대함을 새삼 느꼈다.

두 시간 가까이 연주자와 함께하는 동안 음악에 대한 지식이 차곡차곡 쌓이는 것을 느낄 수 있었다. 아는 만큼 들리는 것이어서 해설을 듣고 연주를 들을 때 느낌은 훨씬 더 진지했다. 음악가에 대한 호기심과 음악이 만들어지기까지의 뒷이야기들이 너무 재미있었다. 음악을 모른다고 각종 행사에 불참했었으나 이번 음악회에 참석하면서 어느 정도 재미를 알았다. 앞으로 손녀와 자주 동행하기 위하여 피아노 공부를 계속할 수 있도록 돕고 싶다.

음악회는 전문가만 가는 곳이 아니고 나 같이 음악을 몰라도 갈 수 있는 곳이란 걸 알았으며 다음에는 가족과 친구들도 함께 가도록 권해봐야겠다. 누구나 모른다고 회피하는 경향이 있으나 오히려 적극적으로 참여하면서 알아가고 싶다. 이번 음악회는 처음이었으나 거장들의 곡을 들을 수 있어서 좋았다. 손녀딸 민채가 피아노 공부를 계속할 수 있도록 뒷받침 해야겠다. 이번 음악회는 민채와 같이해서 더욱 의미 있는 음악회였다.

웰다잉(well dying)

살아서 움직이는 모든 것은 그 생을 마감한다. 죽지 않고 계속 산다고 하면 삶의 의미를 잃게 될 것이다. 사람은 너나 할 것 없이 죽음 앞에 서면 한없이 작아지고 두려움에 떨면서 지금까지 살아온 삶을 후회해 보지만 이미 돌이킬 수 없으므로 아무 소용이 없다. 대부분 사람은 시간이 지나면 죽는다는 것을 생각하지만 내가 곧 죽을 수 있다는 것을 간절히 느끼지 못하고 남의 일로만 생각하는 경향이 있다.

우리는 이 어렵고 험난한 세상을 살아가는 것도 중요하지만 죽는 일도 쉬운 일이 아니기에 다시 한번 생각해 보고 싶다. 웰빙이란 말은 우리나라가 농산물 개방으로 우리 것을 소중히 여긴다는 뜻으로 생겨나면서 '잘 먹고 잘사는 것'이라고 한다. 웰다잉(well dying)은 아쉬움 없이 잘 죽는 것이라고 하며, 웰에이징(well aging manual)은 사람이 사람답게 사는 것이라고 한다.

단체에서 주관하는 웰다잉 교육을 1주일 받았다. 내용은 죽음을 연습해 보는 것이다. 미리 영정사진을 준비하고, 장기기증의 여부 결정, 주위 사람들과 용서하고 화해하며, 재산 상속에 대하여 마무리 짓고, 유서를 미리 써보고, 마지막으로 관 속에 들어가서 마지막을 생각해 보는 과정이었다. 막상 관 속에 들어가서 10분여 동안만감이 교차하고 별의별 생각이 스쳐 가지만 정말 죽는다 생각하니 무슨 말을 할까, 무슨 일을 할까 아무 생각이 나지 않았다.

사람이 아무 탈 없이 살다가 명이 다해 고통 없이 간다면 정말 다행이다. 나쁜 질병이나 큰 사고로 오랫동안 병상에서 보낸다거나 치매로 기약 없는 병원 생활을 한다면 본인은 물론 가족까지 시달리게 되어 삶의 질이 형편없을 것이다. 이럴 때 죽는 일이 오히려 잘사는 일보다 훨씬 어렵다고 할 수 있다. 사람들이 무슨 복, 무슨 복 해도 죽음 복을 타고나야 한다는 말이 틀리지 않았다고 본다. 나도 바람이 있다면 갑자기 병원에 실려 가지 않고 우리 집에서 가족이 지켜보는 가운데 조용히 죽음을 맞이하면 좋겠지만 이 험난한 세상에 그럴 수가 있을까 자신할 수가 없다.

지난번 60대 처남이 갑자기 팔과 다리가 힘이 없어 종합병원 응급실에 입원했다. 그런데 5시간이 넘도록 병명이 나오지 않아 사경을 헤맸는데 혈관외과에서 대동맥이 터졌다는 진단 결과가 나왔다. 수

술을 9시간가량 받고 2일 만에 깨어났다. 건강을 자신한 사람인데 너무 허무하다고 하고 가족도 청천벽력이라고 한다. 중환자실에 10여 명이 있는데 보통 5개 이상의 링거 줄과 산소호흡기까지 달고 있으니 이는 자기 의지대로 움직일 수도 없다.

가족들은 하루 2회 면회 시간 외에는 옆에서 볼 수도 없으니 환자가 궁금하고, 환자 본인도 얼떨결에 병원에 실려 와서 움직이지도 못하고 있으면서 세상 부질없음을 실감했을 것이다. 그중에 한 명은 이미 모니터에서 혈압이 다 꺼져 가고 의식도 없었다. 가족들은 1일 2회 면회 와서 부인과 딸은 얼굴을 비비고 쓰다듬으며 슬퍼하고 눈물을 흘리지만, 환자는 미동도 하지 않고 누워만 있었다. 옆에서 보기에 60세 이쪽저쪽 같은데 딱하기만 했다. 아들은 결혼하기 위해 약혼식만 치렀다고 들었는데 참으로 안타까운 마음뿐이었다.

이튿날 면회 가보니 옆자리가 비어 있어 물어보니 어젯밤에 가족도 없는데 쓸쓸히 숨을 거두었다고 해서 내 일 같아 마음이 짠하고 허전해짐을 느꼈다. 어느 책에서 읽었는데 일본의 경우는 연세가 있으신 분이 몹쓸 병에 걸리더라도 수술하지 않고 자식과 손자들이 있는 집에서 보낸다고 한다. 의사가 왕진하면서 진통을 관리해줘 응급실과 중환자실을 가지 않고 온 식구들과 평소와 같이 잘 지내다 세상을 떠난다고 하였다

우리나라도 일본과 같이 힘에 부친 노인들을 수술만 하지 말고 집에서 조용히 식구들과 즐겁게 보내다 이별한다면 좋지 않을까 생각해 본다. 혹시 잘못되어 내 의사와는 상관없이 중환자실에 간다면

자식들에게 미리 알려주고 현재 의술로 회복이 어렵다면 과감히 줄 일 땔 수 있게 해야겠다. 내가 겪은 일인데 부부 중 한 사람이 살아 있다면 이런 일을 손쉽게 처리할 수 있겠지만 자식들만 있다면 서로 선뜻 나서지 못하고 딸들이 있다면 더욱 일은 꼬이고 생명을 연장하는 데 급급함을 보았는데 죽기 전에 꼭 당부해두면 좋을 듯싶다.

우리가 마지막 가는 길을 낯선 병실에서 의사와 간호사가 지켜보는 가운데 무섭고 쓸쓸히 가게 된다면 누구라도 마음 편히 갈 수 없을 것이다. 법이 바뀌어 호스피스 병상을 늘려 몇 개월 시한부 환자들을 입원시켜 맘 편안히 생을 마감할 수 있도록 돕는다고 한다. 앞으로 정부 정책이 효과를 거둘 수 있도록 물심양면으로 협조하고 이른 시일 내에 정착되도록 노력해 주었으면 좋겠다.

나를 비롯해 누구라도 그런 죽음을 바라지 않겠지만 시간이 난다면 웰다잉 체험 즉 죽는 연습이 꼭 필요할 것 같다. 얼마가 남았는지 아무도 알 수 없지만, 체험하고 나면 지금까지 삶을 되돌아보는 계기가 될 것이다.

기차 여행

기차여행은 가슴이 설렌다. 30년 넘게 다녔던 직장이라 애정이 남다르고 내가 근무했던 역이면 더욱 그렇다. 퇴직한 지 오래됐지만 변한 것도 많았다. 시설은 현대화되어 빠르고 편리해졌으나 사람 사는 맛을 느끼지 못한다. 익산역 서대전역 승강장에서 출발시각에 쫓기면서 가락국수를 사 먹던 추억에 젖어 보기도 하고, 열차에서 팔던 삶은 달걀과 김밥의 맛을 느껴보고 싶었는데 아쉽게도 보이지 않았다. 사람에 따라 다르겠지만 빠름보다는 간이역에도 정차하는 느림의 상징인 완행열차로 여행의 맛을 느낄 수 있는데 경영 논리로 열차가 없어졌으니 아쉽다.

우리는 태어나면서부터 삶의 기차를 타게 되고 그 표를 끊어주신

분은 부모님의 몫이다. 기차여행은 많은 역이 있고 가는 방향도 다르지만 서로 대화하면서 타기도 하고 내리기도 한다. 그러나 부모는 자식들과 오래도록 같이 있었으면 하고, 자식들은 부모가 계속 있어 줄 것 같지만, 어느 때 어느 역인지 모르지만, 홀연히 내려버리고 만다.

기차를 타면 옆 좌석 동승자와 자연스럽게 대화가 오간다. 목적지와 고향은 어딘지, 나이 어린 젊은이면 그에 맞게 기분 상하지 않은 질문이 오가며 다정해져 내릴 때까지 질문이 오간다. 동년배라면 이야기가 재미있고, 고향이 같으면 더욱 친해진다. 남자끼리면 군대생활 이야기와 사회이슈로 여행은 지루하지 않다. 어떤 사람은 인사도 없이 휴대폰을 꺼내 헤드셋을 쓰고, 노래를 듣거나 자기 할 일만 할 때 나는 나대로 할 일을 한다. 또 어떤 이는 노트북을 꺼내 자기 할 일만 하면 이때의 여행은 지루하고 재미가 없다. 옛날과 너무 다른 풍경이다.

시간의 흐름에 따라 여러 명의 승객이 오르기도 하고 내리기도 한다. 이들이 나와 이런저런 인연을 맺는데 형제자매, 친구, 자녀, 그 외 많은 사람이 여행 중에 어느 역에서 내렸는지 알지 못할 때도 있다. 기차여행도 행복과 불행이 오고 간다. 지금은 비록 힘들지만 좌절하지 않고 희망을 품는다면 행복이란 역에 도착할 것이다.

우리의 삶은 끝없이 달리는 KTX 열차처럼 빠르게 달려가고 있다. 그날그날 기쁘고 행복한 날도 있고 우울하고 슬플 때도 있다. 생각대로 일이 안 풀릴 때도 있고 시련과 고통을 안길 때도 있다. 매일 기쁘고 행복하기를 바라지만 그런 삶의 열차는 없다. 누구나 예외 없이 희로애락을 반복하며 두 가닥 레일 위를 달려가고 있다. 한 가지 아쉬운 점은 같이했던 우리들이 어느 역에서 내릴지 알 수 없다는 것이다.

나는 지난 세월보다 남은 시간이 더 짧음을 안타까워하면서 인생 마지막 고개를 넘어가고 있는 이즈음 어렸을 때부터 기억을 더듬어 보면 참 어려웠고 힘겹게 살아왔다. 어느 것 하나 남보다 좋은 점을 찾아볼 수 없었지만 나보다 높은 곳을 보지 않고 낮은 곳을 보면서 살았다. 한편 생각하기 싫은 일들도 있었지만, 마음 뿌듯한 일들이 더 많았던 것은 큰 것을 탐내지 않고 작은 것에 만족함이라고 생각한다.

군 제대 후 밭에다 감나무 산에다 밤나무를 심어 수확은 조금 했었으나 교통도 나쁘고 판로가 좋지 않아 고생만 했다. 아는 이로부터 철도청 시험이 있다는 소식을 듣고 서점이 멀어 후배 책을 빌려 공부했었는데 뜻밖에 합격을 하였었다. 소정의 교육을 이수하고 낯설고 척박한 충북 중원군 산척면 산척역으로 발령받아 전기도 들어오지 않는 무등역에서 힘겨운 직장생활을 시작하였다. 인가도 없는 덩그렇게 서 있는 역사에서 캄캄한 밤하늘을 바라보며 한심하고 쓸쓸함을 떨쳐버리지 못했다.

첫날부터 야간근무를 시작하였으나 어떻게 넘겼는지 모르게 넘어갔다. 선로는 단선이고 전기가 들어오지 않는 무등역이라 어려움이 많았고 힘겨웠지만 지나고 보니 모든 일은 세월이 해결해 줌을 알게 되었다. 그곳에서 고생은 내 인생길의 고비 고비마다 길잡이가 되어 주었다.

내가 어렵게만 세상을 살았기에 자식은 공부시켜 자기 앞길을 탄탄하게 해 주겠다는 신념으로 근검절약하고 고단한 삶을 살았다. 세상일과 자식 농사는 내 마음대로 되지 않아 마음고생도 하였으나 지내고 보니 하지 않아도 될 고민이었다. 큰애는 서울 유학한 후 적성에 맞지 않아 다시 대학을 다녀 약국을 하면서 아들 낳아 잘살고 있고, 작은애는 외국계 회사에 다니면서 아들, 딸 낳고 행복하게 살고 있음을 볼 때 아마 긴 여행이 종착역에 가까이 오지 않았나 싶다.

둘이 여행을 시작해서 중간역에서 타기도 하고 내리기도 하면서 많은 역을 지나왔다. 지금은 둘이서 건강에 유의하면서, 이곳저곳 세상구경도 하면서 쉬엄쉬엄 지나가고 있다. 이제는 간이역에서 잠시 쉬어가는 완행열차처럼 조그만 역 주변의 소박한 풍경을 가슴에 담아두고, 좋았던 추억만 간직하고 싶다.

야간 굿판

지난 설 명절을 제주도에서 보냈다. 명절 제사에 대하여 며늘아기와 아들들의 건의를 받아들여 간소하게 지낼 방법을 찾기 위해서였다. 가족 아홉 명이 관광이 아닌 조용한 곳을 찾았다. 2박 3일 동안 애들이 놀 만한 곳과 유명하다는 맛집을 찾아다니면서 제주도의 풍습을 보았다. 전통시장과 민속촌을 돌아보며 풍물놀이를 보면서 어릴 적 고향의 설날 풍습을 떠올려 보았다.

설전에 동네 청년들은 한지를 사다 고깔 만들기 시작한다. 한지를 적당한 크기로 자른 후 가위로 오리고 빨강, 주황, 노랑, 초록색으로 물을 들인 후 말린다. 그리고 고깔은 물들인 한지를 색깔에 맞춰 여러 장으로 포갠 후 꿰매어 만들면 울긋불긋 보기 좋은 원처럼 꽃이 완성된다. 고깔 만들기는 두꺼운 종이로 모형을 만들고 풀로 붙여 마르면 상모에 고깔, 네 개를 붙이면 완성된다. 소고도 지난해 쓴 것을 재활용도 하고, 모자라면 만들기도 했다. 마지막으로 시장에서 얇은 옷감을 사다가 몸에 두를 삼색 띠를 물들여 한 사람에 세 장 정도로 준비한다. 기타 광대놀이에 필요한 물건들도 미리 만반의 준비를 끝낸다.

정월이면 마을의 위친계爲親契*를 마련하고 안녕과 풍년을 빌며 흥도 돋우기 위해 풍물놀이를 하였다. 깃대 잡히는 마을 정기와 영기를 앞세우고 그 뒤 상쇠와 풍물꾼들이 그리고 아낙네와 아이들까지 뒤를 따랐다. 낮에는 동네 집집을 차례로 돌면서 마당 신을 지신밟기로 달랬다. 이어서 성주신, 조왕신, 철륭신에게 액을 없애주는 놀이를 한 후 집안 형편에 따라 쌀을 내기도 하고, 떡국과 술과 안주로 거나하게 취하기도 하면서 보름까지 이어간다.

저녁에는 아버지가 이장이라 우리 집을 첫 번으로 야간 굿판을 열었다. 마당 한가운데는 머슴들이 미리 생나무를 베어다 놓는다. 저녁 무렵 장작에 불을 피워 한기를 가시게 하고 환하게 주위를 밝게 한다. 시작 전 마을의 상징인 공기와 영기 한 쌍을 마당 적당한 곳에 세운다. 피워놓은 불을 가운데 두고 마을 사람들이 빙 둘러앉거나 서서 기다린다.

이어서 상쇠가 전립을 쓰고 굿판에 등장하고 이어 고깔모자를 쓴 후 삼색 끈으로 어깨 좌우와 허리를 묶고 징, 장구, 큰북, 작은북 여

---

* 마을에서 결성한 상여계

러 명, 탈을 쓰고 광대들도 나온다. 장소가 어느 정도 정돈되면 첫째 판을 연다. 이때 장작불을 가운데 두고 상쇠의 가락에 맞춰 징, 장구, 큰북, 작은북을 든 사람들과 광대도 나오고 땀을 뻘뻘 흘리며 첫 판을 논다. 놀이에 참여한 사람들도 다 한패가 되어 소리를 지르기도 하고 손뼉을 치면서 맞장구를 쳐준다.

이 굿판 속에는 단순히 흥만 있는 것이 아니라 우리의 삶 속에 기쁨과 슬픔이 있듯 풍물 굿 안에도 얽히면 풀고 그 속에서 멈출 줄도 아는 삶의 모습이 담겨있다. 관객을 울고 웃기는 굿판은 우리들의 삶의 응어리들을 어루만지면서 관객들의 가슴속을 시원하게 펑 뚫어 주기도 한다. 판이 끝날 때마다 닭죽을 쑤어내고 막걸리, 소주 등 설음식을 내놓으면 동네 사람 모두가 먹고 놀면서 늦은 시간까지 그칠 줄 몰랐다.

쉬는 시간에는 상쇠는 상모를 돌리며 끼를 발휘하고, 장구재비는 한순간 2~3바퀴를 돌기도 하고, 소구잡이들도 어지러울 정도로 돌고 돌며 온 힘을 다한다. 곰배팔에 절름발이 흉내를 내고 까치걸음으로 우쭐거리며 병신춤을 추기도 하면서 활활 타는 장작불이 모습들을 비춰주니 기괴하고 익살스럽기도 했다. 또한 춤추는 광대들을 보며 구경꾼들은 웃고 재미있어 춤 속으로 빨려들기도 했다. 마지막으로 폭포가 쏟아지듯 휘모리장단으로 몰아가다가 큰 강물이 흐르듯 가만가만 숨죽이듯 반복하며 재미를 더했다. 무슨 일이든 혼자서는 여흥을 낼 수 없다. 상쇠부터 소고까지 모두 한마음 한뜻으로 몰두할 때 보는 사람들까지 한 덩어리가 되어 클라이맥스에 이르게 된다.

이렇게 굿판이 3~4회 끝나면 가운데 장작불도 시들해지고 모두 끝이 났다. 올해는 제주에서 명절을 보내며 고향의 옛 풍습을 떠올리니 술이 거나하게 취해서 바쁘게 움직이며 덩실덩실 춤을 추시던 아버지의 모습이 선하다. 재미있게 풍물을 울리던 그분들의 모습이 되살아나 지워지지 않는다.

성북동의 가을

서울 성북구 성북동으로 가을 문학기행을 떠났다. 성북동 북정마을은 아직 개발은 덜 되었지만 원형 그대로 남아있어 더 투자하고 이야깃거리를 보탠다면 좋을 듯싶었다. 이곳에서 〈비둘기〉 시를 감상해보는 계기가 되었다. 마치 지리산이나 설악산 같은 심산유곡을 걷는 듯 느껴지는 상쾌한 공기를 마시며 곱게 물든 단풍을 감상하였다. 서울 시내 한복판에 이렇게 계절의 변화를 흠뻑 느낄 수 있다니 참 기쁜 일이며 함께 걸으며 돌아보는 아람 수필 회원들도 무척 행복해했을 것이다.

한용운 독립투사의 생가인 심우장을 보면서 대한독립을 위해 몸바치고 정작 독립을 보지 못하고 돌아가셔 안타까웠으며 총칼에 대

항하는 〈님의 침묵〉을 다시 한 번 음미하는 계기가 되었다. 성북동 집들을 보면 허름한 건물들도 있지만 돈 많고 권력 있는 분들이 사는지 담은 2m 이상이고 그 위에 철조망을 치고 곳곳에 CCTV가 설치되어 있었다. 넓은 대지에 웅장한 주택들이 들어섰으며 대사관 관저가 있어서 외국 국기가 게양되어 더욱더 인상적이었다. 서울성곽은 기하학적으로 쌓아 보기도 좋고 예술적 가치가 크다고 생각했다.

한적한 분위기로 편안히 쉴 수 있는 도심 속의 휴식처 같은 느낌이 드는 곳 길상사는 눈을 치켜뜨고 있는 사천왕상이 없고 천왕문도 없었다. 법정 스님의 얼이 녹아내리고 진영이 모셔진 곳 길상사는 아름답고 고즈넉한 사찰이었다. 대연각의 주인 김영한 씨가 법정 스님이 지은 〈무소유〉를 읽고 삶의 허무함을 느껴 대지 7천여 평과 건물 40여 채를 선뜻 시주하신 용기 있는 분임을 알았다. 이곳을 진짜 사찰 도량으로 꾸미신 법정 스님도 대단한 스님이었다.

도심 속의 사찰이라 신도들의 접근성도 좋고, 절 체험도 매주 열려 더욱 정신수양에 도움이 되리라 생각하면서 1석 3조의 역할을 할 것이라 기대되며 부러웠다. 8대 주지가 바뀌었지만, 막상 스님은 주지를 지내지 않으신 점도 한편 궁금하였지만 자질구레한 일에 휩싸이지 않으려는 깊은 뜻이 있었을 것으로 생각한다. 법정 스님의 유골이 초라하게 묻혀있고 크지 않고 아담한 스님의 유품을 정돈해 놓았으니 검소하여 보기 좋았는데 스님이 입적하실 때 유지를 받들었을 것으로 생각한다.

사실 최순우 옛집은 이곳이 바로 서울 한복판인가 낯설었다. 본채와 바깥채가 마주 보고 있는 한옥이 옛 선비의 집을 연상케 하고 화단, 우물, 대나무 등을 보면서 기행의 맛을 한층 더 돋웠다. 이 집을 보존키 위해 시민 성금으로 구매 관리하고 있다고 하니 시민의 힘을 새삼 느꼈다. 특이한 점은 평면 도자기를 전시한 점 너무 인상적이었으며, 안채 대청과 사랑방에 선생의 유품을 상설 전시한 점이다.

한양도성이 견고하고 미술 감각적으로 쌓아 보존한 점 더욱 돋보였고 서울에 설악산, 지리산을 옮겨 놓은 듯 형형색색의 단풍이 어우러져 성북동에 사는 분들이 부럽고 복 받은 삶이라고 생각했다. 남산 스카이웨이를 지나면서 소나무를 비롯해 하늘을 찌를 듯한 나무들과 훼손하지 않는 숲속에 수만 가지 동식물들이 살아가고 있음을 보았다. 외국 여행만 할 것이 아니라 우리나라 구석구석을 여행해 보면 어떨까 생각했다. 서울 시내 교통이 혼잡해 늦은 시간에 휴게소에서 나누어 먹은 저녁은 다시는 경험하지 못할 것이다.

양반 고택

정읍시 산외면에 있는 고택, 일명 99칸 집이다. 235년 전 지은 집으로 그때의 생활상을 엿볼 수 있는 저택이다. 안동이나 다른 지역의 저택에 비하면 초라한 느낌이 들었다. 창하산을 등지고 앞으로는 동진강 상류의 맑은 물이 흐르고 배산임수의 전형적인 지네형 오공혈 터에 동 남향으로 자리 잡았다. 올 여름쯤 수필반 야외 수업에 저택을 지은 돈의 출처가 궁금했다. 알고 보니 조부모의 재산을 이용하여 지은 것이다. 요즘 말로는 금수저다.

그때의 돈의 가치는 알 수 없지만, 청백리는 아니었을 것으로 생각을 했다. 낯선 천 리 밖의 땅들을 사들일 수 있고, 전답도 준비했을 것인데 천 석을 유지하려면 상상외로 많은 돈을 준비했을 것이다. 영정조시대의 사회상을 짐작할 수 있었다.

조부가 병조참판을 지낸 광산김씨 집안이다. 벼슬하게 되면 뜻하지 않은 일로 집안이 망할 수도 있고 송사에 휘말려 가족이 몰사할 수 있다며 이곳으로 내려갈 것을 지시받았다. 건축주는 참판의 손자로 17세 어린 나이에 스스로 할 수 있는 일은 없었을 것 같았다. 공부도 그렇고 독자적으로 집을 지을 수 없었겠지만, 부친이나 대목수가 내려와 먼저 터를 잡고 준비한 후 이곳에 내려와 터를 다듬고 10년간 공사로 완공한 저택 99칸 집이다.

특별한 점은 시어머니와 며느리가 같은 넓이의 방을 썼으며 부엌도 따로 사용했다고 하며 그중 곳간 열쇠는 시어머니의 차지였다. 부엌의 동, 서남쪽의 벽에는 정교한 빗살창을 붙여 통풍에 신경을 쓴 듯하고, 부엌 창문이 상하로 나서 연기가 빠져나가는 데 불편이 없도록 한 점도 본받을 만했다. 안채 바로 뒤에는 채마밭이 있어 음식 만드는 데 편리한 역할을 했을 것으로 생각되며 두레박 우물도 바로 옆에 있었다. 그러나 오랫동안 사용치 않았으니 물이 말라 잡초만 우거졌으나 관광이 목적이라면 우물물이 있었으면 하는 아쉬움이 있었다.

사랑채의 진가는 여름을 대청에서 시원히 지낼 수 있도록 분합문을 달아 처마에 걸어 달면 대청은 탁 트인 누마루로 변신한다. 높낮이가 다른 기와지붕들과 그 너머의 하늘, 그리고 햇살과 더불어 주변 경치를 극적으로 집안으로 끌어들였다. 이곳에서 양반들이 시를 짓고 풍월을 울렸을 텐데 그 소리가 귓가에 울리는 듯 쟁쟁하게 들렸다. 여인들의 생활공간으로 안 사랑채는 공사할 때 기거했던 건물을 이용한 것이다. 이곳은 해산도 하고 출가한 딸들이 와서 기거하며 환담하는 장소로 쓰였다고 한다.

남자는 사랑에서 기거하였으나 건축자는 자신과 자식을 배려한 것 같다. 사당가는 길에 젊은 아들이 낮에도 출입할 수 있는 특별한 길을 택해 드나들게 했으며 따로 툇마루를 만들어 출입을 편리하게 했다고 한다. 솟을대문은 벼슬하지 않았으니 세울 수 없었지만 조금 낮아 보였으며 단속이 느슨해진 결과라고 문화 해설사는 질문에 답했다.

원래 굴뚝은 담장보다 높아야 불이 잘 들이고 방도 따뜻할 텐데 담장보다 낮았다. 흉년에 굶은 사람도 있는데 연기를 보이지 않게 하고 연기가 낮게 움직이면 서까래와 목재들에 벌레들이 생기지 않도록 하는 숨은 뜻이 있었다고 한다.

그러나 다른 부자들은 흉년에 30여 리 안팎의 농민들을 굶기지 않았다고 한다. 이들은 어땠는지 알 수는 없지만 나는 굴뚝을 담보다 낮게 한 것은 이 점을 피하려 했지 않았을까 미루어 생각해 보았다.

아마도 이 고택은 뒷산이 창하산으로 진해혈인데 앞산은 독계봉獨鷄峰으로 닭이 지네를 잡아먹는 형국이라고 한다. 이 액을 막기 위해 나무를 심어 가리고 앞산이 화견산火見山으로 화재를 방지하기 위해 집 앞에 길게 방죽을 팠다고 한다. 평상시는 농토에 물을 대고 유사시는 화재 방지용 액땜이었는데 235년 동안 화재가 한 건도 없었다고 한다. 아마 화재 예방에 중점을 두었고 액땜을 제대로 한 것 같았다. 혹시 화재가 발생해 피해를 볼 경우를 대비해 안채 밑에 땅을 파서 위치를 표시해 놓았다고 하며, 유언으로 대대로 내려왔다고 한다.

작은아들 집은 바로 옆 담 밖으로 여러 채를 지어 따로 살았다고 한다. 이 집들은 정읍시청에서 매입해 수리 중이니 곧 시민들에게 공개될 것 같았다. 큰댁에 오가기 편리하게 협문을 설치하였다. 여자들도 이 문을 어르신들 모르게 출입하였다고 하며 이웃들을 만나고 사생활을 즐겼다고 한다.

종들의 거처는 담장 밖으로 여덟 채가 있었다고 하고, 담 안에는 두 채가 있었다고 한다. 지금은 안에 한 채만 있었다. 이 사람은 주인의 마음을 읽을 줄 알았고, 일하는 데 유능한 하인이 아니었나 생각이 들었다.

오늘 양반 고택을 돌아보면서 6대를 내려오며 235년 전의 생활상을 조금은 엿볼 수 있었다. 약 900석 이상을 한 양반이 지방의 가난한 사람들과 유기적으로 협조를 했는지 아니면 군림하면서 살았는지는 알 길이 없다. 굴뚝을 담벼락 아래로 설치했을 때 가난한 사람들을 배려했다는 말을 들었다. 오늘에 와서 듣기 좋으라고 한 말로 여겼다. 8대조 할아버지의 권력으로 230여 년 동안 잘 먹고 잘살았다면 조상 덕에 호의호식한 양반의 후예다.

앞으로 문화재 차원에서 관리하고 보존하여 조선시대의 생활상을 후세에게 알려지기를 기대한다.

유비무환

고창읍성은 둥근 항아리를 반으로 쪼갠 것과 같은 모양의 성이다. 단종 원년에 완공되었으며 성을 쌓는 데 3년이 걸렸다고 한다. 전라우도와 전라좌도의 19개 군현이 참여하여 부역으로 성을 쌓았으며 안보총화와 외침을 대비한 유비무환 풍토를 조성했다는 산 증거다. 성 쌓기에 참여했던 사람들은 자기들이 쌓은 구간에 고을 이름을 성벽에 새겨두었다고 하나 오랜 세월 지나는 동안 일부가 훼손되었다고 한다.

그래서 각종 문헌과 현장 조사 자료를 참고하여 성 밖 둘레길에 고을 이름을 적은 표지석을 세워 놓았음을 보았다. 성이지만 위압적이지 않다. 자연석 성곽으로 큰 돌과 작은 돌이 섞여 크기가 다르고 고을마다 쌓은 방식이 달라 더욱 아름답다. 거기에 이끼까지 끼어 언젠가 한 번 온 것처럼 친숙하다. 그리고 성안은 넓다. 순천의 낙안읍성이나 서산의 해미읍성은 평지인데 고창읍성은 높낮이가 있고 나무들이 숲을 이루어 좋아 보인다.

이 성은 나주 신관의 입암산성과 연계해 호남내륙을 방어하는 전초기지 역할을 해왔다. 국난극복을 위한 국방관련 문화재다. 외적을 물리칠 목적도 있었지만 직접 정사를 보았다고 한다. 역驛의 역할도 수행한 건물이 있었다고 기록을 보았다. 바깥쪽만 성을 쌓고 해자를 팠으며 성안에는 관아를 짓고 주민들은 성 밖에서 생활하다가 유사시 성안으로 들어와 함께 싸우며 살 수 있도록 네 개의 우물과 네 개의 연못을 만들어 놓았다.

성의 규모는 길이 1,684m, 높이 4~6m, 면적은 165,858㎡이며 동, 서, 북문이 있고 옹성 3개소, 치성 6개소, 성 밖의 해자 등 전략적 요충시설을 두루 갖춘 규모가 크진 않지만 적을 제어할 수 있는 성의 모습다웠다. 성을 쌓는 자연 돌이 필요했을 텐데 주위에 돌이 보이지 않았다. 이 많은 돌을 어디서 구해왔으며 어떻게 운반했는지 궁금했지만 풀지는 못했다. 지금 우리가 쌓는다고 해도 만만치 않았을 텐데 선조들의 혜안이 돋보였다

처음 성으로 들어온 첫 관문이 정문 겸 북문이다. 광장에는 전통놀이 체험장이 있었고 음료수를 무료로 나눠주고 있었다. 장군복을 입고 사진 촬영도 하고, 성내를 한 바퀴 돌고 올 수도 있었다. 성곽에서 내려다보이는 읍내의 모습이 한눈에 들어오는 곳이다. 이곳 성황사에서는 매년 음력 9월 9일 모양성제의 날 제사를 올린다고 한

다. 원래 22개 건물이 있었다고 하며 전란에 모두 소실되었고 현재 북문, 공북루, 서문 진서루, 동문 등양루, 이방 아전이 소관업무를 처리하던 작청, 동헌, 객사, 풍화루, 내아, 관청, 향청, 서청, 장청, 옥사 등 1976년부터 복원해 오고 있다고 한다. 얼마지 않아 성으로 완전한 면모를 갖출 것이다.

윤달에 탑성놀이가 전해 내려오는데 돌을 머리에 이고 한 바퀴 돌면 다릿병이 낫고, 두 바퀴 돌면 무병장수하고, 세 바퀴 돌면 극락승천한다는 전설이 있다고 씌어 있었다. 이는 겨우내 부풀었던 성곽을 밟아 단단하게 다지는 기능도 있었으며 이고 갔던 단단한 돌은 성 입구에 돌을 쌓아 놓았다고 한다. 이렇게 쌓아둔 돌은 유사시에 좋은 무기가 되었다고 하였다. 우리는 돌을 이고는 위험하고, 맨손으로도 어려운 코스였다. 성을 한 바퀴 돌면서 밖을 내다보면 왜적과 싸우면서 지른 함성이 여기저기서 들렸고 선조들이 돌을 나르고 성을 쌓느라 힘겨워하는 모습이 눈에 선했다.

성내에 잘 가꿔 놓은 소나무들을 보았다. 너무 반듯이 크지도 않고 옹이를 만들면서 이리 굽고 저리 굽으며 오랜 세월을 지탱해 왔음을 말해주고 있었다. 나무 밑의 잡풀들을 모두 베어내고 높은 곳까지 가지를 쳐내서 햇볕이 잘 들도록 해놓아 보기도 좋았고 앞으로 관리를 잘한다면 큰 제목이 될 것 같았다. 한편으로는 참나무, 느티나무, 대밭이 조성되어 파란 잎들이 어우러져 성과 잘 어울렸다.

성 주위로 차가 다닐 수 있는 길을 닦아 놓아 성을 한 바퀴 돌 수 있는 올레길인 듯 보였다. 성 밖의 길을 따라 조성된 철쭉 꽃길은 활짝 피어 활활 타오르는 불길처럼 보였다. 어디 가도 이렇게 아름다운 길은 없지 않을까 생각이 들었다. 아마 꽃길과 같이 둘레길을 만들어 고을 사람들의 건강을 돕는 데 도움을 줄 것 같고, 이곳을 방문하는 누구에게도 돌아보면 좋은 곳이다. 고창읍성은 도로교통안전협회가 주최한 아름다운 길 100선에 뽑혔다고도 한다.

선진국들은 자기에게 불리하든 이롭든 문화재를 보존하여 후세에게 교육의 기초로 삼는다고 한다. 고창읍성도 병화로 모두 소실되었지만, 고창군에서 사적 자료를 고증하며 건물을 하나하나 지어가고 있으니 앞으로 완전한 성 모습을 볼 날이 기다려진다. 고창읍성을 모양성이라고도 한다. 이는 백제시대 고창지역이 모량부리라 불렀기 때문일 것으로 짐작된다는 말을 들었다.

성을 보고 나오면서 비석을 모아놓은 곳에 가보니 현감이 대부분이었다. 그중 전라 관찰사 이서구의 비를 발견했다. 선운사 도솔암에 갔을 때 이서구가 비기를 열어봤다는 기록이 있어 오늘 실존 인물임을 알게 되었다. 이분은 관찰사로 전국을 돌아다녔으며 백성을 위하여 각종 지원을 아끼지 않았다는 글을 보았다. 훌륭한 정치가이자 사상가임을 알았다.

지금은 이 성과 같은 군 시설물이 필요치는 않다. 그러나 우리 조상들이 이처럼 유비무환의 자세로 활약하며 우리에게 이 아름다운 나라를 물려주신 점 감사하다. 우리도 이처럼 오늘을 살면서 큰 나라들에 끼어서 어려운 시국이지만 선열들의 뜻을 되새기며 대한민국을 지켜나가야겠다.

존엄한 죽음

죽음은 선택할 수 있는 권리라고 생각한다. 누구나 죽음에는 예외가 없는 줄을 알면서도 장례식에 다녀와서는 나는 예외라는 생각 들을 한다. 나도 젊어서는 죽음에 대한 고민과 걱정이 많았으나 나이 들면서 지금은 받아들이고 있다. 건강할 때 미리 죽음에 대해 고민해 보고, 가족과 격의 없는 대화를 나눌 필요가 있다고 생각해서다.

나는 죽음에 대한 교육을 1주일 받으며 유언장과 가족에 대해 바람도 써 보았다. 관속에 들어가 이런저런 생각을 해봤으나 아무 생각도 나지 않았다. 얼마 전 텔레비전에서 연예인 부부가 죽음 연습을 하며 많이 울면서 후회하며 앞으로 더 잘해보자고 하는 장면을 보았다. 우리는 죽음을 무조건 금기시하고 회피할 것이 아니라 미리 준비해서 평안하게 맞기 위한 모든 노력이 필요하다.

무의미한 연명 치료를 거부하는 것도 건강할 때 미리 임종을 계획하는 적극적인 과정도 모두 잘 죽기 위한 노력의 하나라고 생각한다. 유언장을 작성해 보고 재산을 일부 기부하거나 자녀들에게 배분도 해보고, 장례계획도 미리 세워보고 자신의 바람을 가족들과 이야기 해보면 어떨까. 죽음이 치료의 실패가 아니라 삶의 완성으로 마무리 했으면 좋겠다.

우리나라도 10년 전 존엄사 소송에서 김 할머니의 대법원판결로 인공호흡기를 떼라는 판결을 받아 시행한 바 있었다. 그 후 우왕좌왕 하며 말들이 많았으나 2018년 2월부터 연명의료결정법이 시행되었다. 8개월 만에 6만여 명이 사전연명의료 의향서를 작성하였고, 법에 선택적으로 거부할 수 있는 조항에 서명했다고 한다.

앞으로 사전연명의료 의향서를 작성하려면 사전연명의료 의향서 등록기관에서 본인이 직접 작성해야 하며, 기관의 설명을 충분히 들어야 한다. 이를 변경하고 싶으면 본인이 언제든지 그 의사意思를 변경하거나 철회할 수 있다. 나도 건강 보험 공단에서 사전연명의료의향서를 10여 분 만에 작성하였더니 문자로 답이 와서 홀가분했다.

앞으로 더욱 쉽게 작성할 수 있도록 동사무소에서 취급했으면 좋겠다. 인공호흡기를 달면 대화할 수 없다. 의미 있는 삶이 연장될 수 있는지를 모두 공감할 수 있게 보완해야 한다. 삶의 마무리에 가치를 주어야 하며 삶의 숙제는 죽음인데 고민이 깊어지고 숙연해진다. 아름답고 품위 있게 마무리하기 위해서다.

스위스는 의사의 도움을 받아 합법적인 안락사를 시행한 나라다.

세계에서 여덟 나라가 있다. 안락사 시행단체 회원은 2만이라 한다. 호주의 저명한 학자 데이비드 구달은 104세로 식물생태학 박사다. 삶이 여러분에게는 행복이지만 나에게는 고통인데 안락사를 할 수 있어 행복하다고 말했다. 의사는 철회할 생각이 없는지를 묻고, 바람을 물으니 〈베토벤 9번 교향곡〉이라 했다.

이분은 〈환희의 송가〉를 들으며 마지막 소절을 흥얼거리고 있었다. 함께 살았던 지인들과 작별 인사를 하고 손주들도 모여 하나하나 안아주며 작별하고 가족들이 지켜보는 가운데 15초 만에 생을 마감했다. 이분은 장례식을 치르지 말고, 나를 기억하는 어떤 추모행사도 하지 말라 하고, 시신은 해부용으로 기증하라고 유언했다. 호주에는 안락사를 금지하고 있어 죽음을 위해 스위스까지 멀리 왔다고 했다. 나는 오늘 죽음의 의미를 다시 생각하게 되었다.

호스피스에 대한 잘못된 정보가 있다. 죽으러 간 곳이 아니고 환자들의 아픔의 정도에 따라 진통을 해결해 주고, 편안하고 인간답게 죽음을 맞이할 수 있도록 돕는 곳이다. 우리들의 삶은 인생의 드라마와 같다. 어떻게 마무리하는가에 따라 사람들에게 남긴 인상도, 미치는 영향도 다르다. 살아온 삶을 정리하면서 인생 전체를 정리하고 그것을 도와주는 곳, 그리고 병의 고통과 죽음의 공포를 덜어주는 곳으로 인식했으면 좋겠다.

한 초등학교 선생님이 어린아이들에게 죽음 교육을 했다고 한다. 삶에 관한 생각, 가족의 생각, 아이들도 죽음을 생각해야 하지 않을까. 엄마도 죽을 수 있는데 어떻게 생각할까. 엄마가 없으면 애들은 어떨까. 계속 교육을 하다 보니 애들도 이해하고 공감을 하더라고 하였다. 우리는 모두 죽음을 먼저 생각하고 알아가기 위해 공개적으로 죽음 강좌가 필요하다고 생각했었다.

누구나 부부가 같이 죽을 수 없다. 배우자가 먼저 죽거나 중병에 걸릴 확률은 보편적이다. 단지 주어진 조건에 따라 사람마다 다소 차이가 있을 뿐이다. 과거의 노인들은 배우자나 자식들이 임종을 지키는 가운데 존엄하게 운명했다. 지금은 배우자가 먼저 떠나면 고독사한 경우가 태반이다. 중환자실의 커튼 뒤에서 또는 쓸쓸한 침상에서 홀로 죽을 수 있다. 그렇지만 누군가의 돌봄을 받고 있다고는 하나 고독하기는 마찬가지다.

지금 일본에는 생전 장례식을 치른다고 한다. 말 그대로 죽기 전에 만나고 싶은 사람을 한 자리에 모으는 행사로 점점 늘어가는 추세라고 하였다. 죽음을 잘 준비한다는 개념으로 허심탄회하게 죽음을 이야기하는 네스카페 모임도 활성화되고 있다고 한다. 마지막을 자기 뜻대로 살기 위해 장례나 묘 준비, 상속 등 사후 대책을 세우고 적극적으로 죽음을 준비하는 활동을 한다고 티브이에서 보았다.

이번 연하장이 마지막이라는 슈카츠 연하장도 인기라고 하며. 우리도 이처럼 적극적으로 죽음 준비가 필요하다. 누구나 꺼리는 죽음, 그때의 상황이 절박한데 도움은 받을 수 없을 때 답답함은 이루 말할 수 없을 것이다. 친구들이 가고 이웃 사람들의 죽음을 보며 다시 죽음에 대해 생각하게 된다. 인간의 기본적인 존엄성에 대하여도 생각해 보았다.

한옥마을

정초에 손녀와 우리 내외가 한옥마을에 갔었다. 경기전 앞에 들어서 정문 왼쪽에 하마비를 보았다. 암수 두 마리가 사자 모양의 서수 위에 좌대를 올려놓고 그 위에 '지차개하마잡인무득입至此皆下馬雜人毋得入'이라 씌어 있었다. 즉 계급의 높고 낮은 신분의 귀천을 떠나 모두 말에서 내리고 잡인들의 출입을 금한다는 내용이다. 광해군 때 세워진 보물급 하마비라고 한다. 홍살문 좌우의 느티나무, 소나무, 배롱나무가 크고 늙어 세월이 많이 흘렀음을 짐작게 하였다.

평일인데도 젊은 남녀, 연인 커플들이 한복을 곱게 차려입고 멋진 모자를 쓰고 다니니 보기 좋았다. 모두 사진을 찍고 즐거워하며 돌아다니는 모습을 보면서 나도 저런 때가 있었던가를 생각해 보았다. 젊음은 다시 돌아오지 않으니 좋은 현상이라 생각했다. 먼저 경기전에 들어가서 전주사고에 대한 역사를 보면서 내가 몰랐던 내용을 알게 되었으며 한문이라 조금 서툴지만, 손녀에게 설명해 주었다.

《조선왕조실록》은 태종이 《태조실록》 15권을 세종이 《정종실록》 6권, 《태종실록》 36권을 편찬한 후 각 2부씩 등사하여 한양의 춘추관과 충주 사고에 보관하였다. 그 후 2부를 더 등사하여 전주와 성주 사고에 각 1부씩 보관하였다. 임진왜란 때 춘추관, 충주, 성주사고는 모두 소실되었고 전주사고는 관리자들의 발 빠른 대처로 병화를 면하였다고 한다.

오늘 알게 된 전임사관과 겸임사관이다. 전임 사관은 임금님 곁에서 모든 일을 기록했다. 겸임 사관은 각 관청에서 겸임 사관을 겸임하고 부처에서 일어난 일들을 기록하여 춘추관에 제출하였다. 비밀사항이나 인물에 대한 평가는 기록하여 집에 보관하다가 실록청이 설치되면 제출하는 기장 사초가 있다. 이는 비밀을 보장하고 그 내용의 첨삭을 막기 위한 장치였다고 전한다. 왕도 사초를 볼 수 없으며 이를 바탕으로 편찬된 실록은 통치자와 위정자는 실록이 언제나 소실될 수 있다고 예상하여 2부를 더 추가한 후 보관한 관계로 1부가 살아남아 지금 후손에게 전해져 다행이다. 《조선왕조실록》은 유네스코세계문화유산으로 지정되었으며 관계자들이 어렵게 지킨 결과라고 생각한다.

현재 전주 사고에는 태조-철종 대까지 472년간 조선의 역사를 연월일 순으로 기록한 것으로 분량이 888책 1,893권인 방대한 역사책이다. 여기는 정치, 경제, 사회, 문화를 비롯하여 천문, 풍속에 이르기까지 조선사회의 제반 모습이 총망라되어 있다고 한다. 《조선왕조실록》이 세계에서 유일한 실록이라고 하니 가슴이 뿌듯했다. 어진박물관은 태조어진 전주 봉안 600년을 맞이하여 2010년 11월 6일 개관하였다. 국보 317호인 태조 어진을 비롯하여 세종, 영조, 정조, 철종, 고종, 순종 어진이 같이 있었다. 그 외 어진 봉안 할 때 사용된 각종 가마 유물과 경기전 관련 유물들이 전시되어 있었다. 태조어진 봉안 행렬을 그림으로 그려 전시했으며 매우 복잡한 것 같았으나 문화재 차원에서 관리하지 않나 생각했다.

돌아 나오면서 경기전 부속건물을 보면서 의아한 생각을 했다. 어진을 보관하고 관리하는 것은 당연하나 제사를 지내는 곳이 한양에만 있으면 될 텐데 전국 여러 곳이 있다니 허례 의식이 아닌가 생각했었다. 샘물도 어정이라 하고 재기 두는 곳, 말을 매는 곳, 제물을 준비하기 위한 디딜방아도 있었다. 디딜방아 머리를 올리려 힘을 써봤지만 올려보지 못하고 되돌아 나왔다. 수복정은 경기전 내에 제사일을 맡은 곳이며 용실은 제수용 음식을 만드는 방앗간, 조가청은 떡이나 유밀, 다식 등 제사음식 보관, 제기고는 각종 제기보관, 전사청은 제사 준비 제사상 차리는 일하는 곳, 수문장청은 경기전을 지키는 일, 풍패와 서제는 제사 지내기 위해 지은 집이었다.

풍패란 건국자의 고향을 일컫는 말로 한나라 유방의 고향이 풍패인 데서 유래되어 남문은 풍남문, 서문은 풍서문, 객사는 풍패관이라 명명하였다. 한옥마을에 부채박물관을 보았다. 여러 가지 부채를 보았으며 종류가 그렇게 많은 줄을 몰랐었다. 박물관 마당에는 서양의 유명화가들이 부채를 가지고 있는 그림을 전시하여 새로운 명화들을 보았다.

최명희 문학관에 들러 대표작으로 《혼불》 전집을 보았다. 그 외 소설, 수필 등의 책을 여러 권 쓰신 점은 오늘에야 알았다. 혼불문학관에서 보았던 선생님의 학창 시절부터의 실력을 손녀에게 설명해 주었다. 거리를 돌아다니며 민채가 좋아하는 닭꼬치와 꽈배기도 사먹고 보기 좋게 만들어놓은 노리개를 사서 돌아왔다

방송에서 한옥마을 관광객이 많이 줄었다고 들었다. 오늘 보니 예전만 못하였다. 너무 장삿속으로 변질하여 외면하지 않았나 생각이 되었다. 아는 분이 한복대여사업을 하는데 예전에는 수입이 짭짤했으나 지금은 경쟁이 심해 세탁비 건지기도 어렵다는 말을 들었다. 무슨 일이든 과하면 넘친다는 말이 있다. 손녀는 새로운 소식을 접하며 좋아했다.

그러나 아직은 민채의 수준에 미치지 못하지 않을까 생각해 보았다. 어진과 제사 지낼 때 필요한 물건들을 둔 저장고를 관심 있게 보아서 다행이다. 시간 날 때마다 민채와 같이 이곳저곳을 다니며 세상 돌아가는 모습을 보여줘야겠다. 앞으로 한옥마을이 여러 가지 다양성을 회복하여 원상태로 돌아가 관광객이 꾸준히 찾는 한옥마을을 기대한다. 새해라 그런지 거리에서 형형색색의 옷을 입고 농악을 울리는 모습을 보니 옛날 고향마을에서 울리던 모습과 같으며 옛것을 본 하루가 즐거웠다.

후지산 산행

일본인들의 영산이며 제일 높은 산으로 3,776m다. 휴화산으로 5부 능선 위로는 황폐되었으나 사나운 분화로 인해 신이 깃든 산으로 경배와 숭배의 대상이었다. 아무도 오를 수 없는 산, 헤이안 시대에는 제한적으로 오를 수 있었던 산, 메이지 시대에는 여성들을 비롯하여 아무나 오를 수 있는 산이다. 2013년 6월 유네스코 세계문화유산으로 지정되었다. 일본인 산악회원들의 배려로 8시 10분 24인승 버스로 우리 12명, 산악회 5명이 타고 후지산으로 출발했다.

가는 도중 후지산을 모시는 대표 신사인 신겐 신사에 들렀다. 지금까지 공가와 무가의 존경을 받았으며 부지면적이 넓고, 큰 나무가 많으며 크고 건물들이 웅장하였다. 우선 묵념하며 후지산 등반에서 무사 귀환을 빌었다. 한 가지 특이한 샘물이 있었다. 365일 물의 양이 변함없이 똑같다고 했다. 후지산 정상의 눈이 녹아 솟아난다는 곳이다. 편의점에 들러 등산에 필요한 물건들을 사고, 고속도로를 지나 후지산 초입에 들어섰다.

아름드리 삼나무가 하늘을 찌를 듯이 커가고 빽빽이 자란 모습이 4부 능선까지 이어지고 이후 커다란 잡목이 하늘이 보이지 않게 서 있었다. 5부 능선 주차장에 도착해 산악회원들의 주의사항을 듣고 화산재와 자갈이 섞인 흙을 밟으며 20여 분만에 6부 산장에 도착해서 점심을 먹었다.

정상 팀 11명은 산악회원이 선두와 후미에서 산행을 도우며 시작하고, 나를 비롯해 3명과 인본인 2명이 그 옆 분화구의 정상인 보영산을 다녀오기로 하고 출발했다. 처음은 괜찮았지만, 중간만큼 올라가니 잔자갈에 검은 화산재가 섞여 한발 떼면 반발 밀려나고를 반복하다 보니 시간이 오래 걸렸다. 보영산의 정상은 2,693m 곧 손으로 닿을 듯 보였으나 3시간 코스를 4시간에 다녀왔다. 이곳 후지산은 정상에 분화구가 있고, 그 외 작은 분화구가 여러 곳이 있으며 정상가는 길은 네 군데지만 소로는 여기저기 많이 보였다. 여기서 정상을 바라보니 손에 잡힐 듯 보이지만 갈 수 없는 곳으로 생각했으니 마음이 편하다. 정상에서 45도 정도의 경사진 곳을 5부 능선까지 이어질 것으로 봐 눈이 내렸을 때 활강으로 내려온다면 아무 거리낌 없이 스릴 넘치는 구간이 아닐까 엉뚱한 생각을 했으며 세계인들의 겨울 축제장이 될 것이라고.

생물이란 이름 모를 노란 꽃이 가끔 보이고 전나무의 뿌리는 크고 높이는 1m 남짓, 가지는 10m 정도로 기형적인 나무가 가끔 보이는 정도였다. 6시경 식사하고 자유시간을 가졌으며 석양의 아름다운 노을과 달이 뜨고 별을 손으로 딸 수 있는 하늘을 볼 수 있어 즐거운 한때를 보냈다. 산악회 분들이 우리 노래를 잘해서 〈아리랑〉, 〈돌아와요 부산항〉을 다 같이 부르고, 맥주와 정종을 번갈아 마시며 추억에 남을 시간을 보냈다.

휴일에는 90명을 수용한 산장이 오늘은 10여 명이라 드문드문 잘 수 있어 그나마 다행이었다. 물이 없어 발은 물론 세수도 할 수 없었고, 양치질만 간신히 하였다. 화장실 1회 사용이 200엔이지만 특별히 우리는 면제해 주었다. 전기는 발전기로 축전지에 저장해 사용하고 있었다.

이튿날 김밥 한 개와 된장국으로 아침을 먹고, 8시경 산악회 3명이 앞에서 끌고 뒤에서 수습하며, 우리 일행 3명이 하산을 시작하였다. 내려가는 길이라 어제보다 수월했으며 내려갈수록 나무 키가 점점 커지는 모습을 보았다, 한 고개를 넘으면 화산재로 생물이 없는 구간도 있었고, 인위적으로 풀씨를 뿌려 파랗게 자란 모습도 보았다. 내려오는 길에 찔레꽃, 엉겅퀴, 이름 모를 꽃들을 보았으며 얼마간 내려오니 어제와 같이 잔자갈에 화산재가 섞여 재미있게 하산하였다. 그래도 3시간 거리를 4시간에 도착했으니 특별히 지친 사람은 없었다. 미리 도착한 버스로 우리 일행이 타고 처음 갔었던 5부 능선 주차장으로 가서 정상 간 일행을 기다렸다.

3시간이면 내려올 코스를 8시간이 넘게 하산한 관계로 상당히 기다리니 한두 명씩 도착했다. 하나같이 다리가 풀리고 무릎이 아프다고 했다. 우리는 정상을 다녀온 일행을 박수로 환영해 주었다. 앞으로 높은 산의 무리한 산행은 자제했으면 좋겠고 사고가 없어 정말 다행이었다. 잠깐 몸을 추스른 뒤 참가자 모두 사진 촬영하고 내려가다 도중 식당에서 모두 생맥주 한잔은 갈증과 아픔을 해결해 주었다. 메뉴에 따라 입맛대로 시키고 나는 채소 정식을 시켜 먹고 나니 3시경이었다. 이 식당 슬로건은 오는 손님, 음식 만드는 사람 모두가 웃는 곳이라고 사림을 그러 유머러스하세 표현하여 인상석이었다.

온천에 들러 몸을 씻고 나니 쌓였던 피로가 한결 가벼워졌다. 고속도로로 돌아오는데 퇴근 시간과 겹쳐 7시가 넘어 전에 묵었던 호텔에 도착해 가방 찾아서 다른 호텔로 가서 방을 배정받았다. 이튿날 아침밥은 소박하지만 깨끗하고 맛깔스러운 음식을 먹고 커피도 한 잔씩 마셨다. 다 같이 모여 10여 분을 걸어서 시즈오카역에 도착해 기다렸다. 산악회원이 나와 작별 인사를 해주어 정말 고마움을 느꼈다.

가방 점검하고 항공권 발권 받은 후 12시 10분경 입장해서 조그만 면세점에서 손녀는 시계를, 손자들은 작은 차를 2개씩 샀다. 12시 50분경 시즈오카 공항 출발 인천공항에 2시 40분경 도착해서 짐을 찾았다. 전세버스를 타고 늦은 점심을 먹은 후 7시 20분경 전주에 도착했다. 모두 다음 기회를 약속하며 아쉽게 헤어졌다.

시즈오카를 여행하면서 인상적인 것은 검정 바지에 흰 셔츠 차림과 항상 바쁘지 않고 질서를 지킨 점이다, 친절하고 어디를 가나 도로에 불법주차가 없고 유료주차장이 많았고, 소형차가 대다수였다. 호텔 사이에도 절과 묘지가 있어 우리나라처럼 혐오스럽지 않다고 하는 점이다. 하지만 보는 사람에 따라 생각이 다를 수 있을 것이다.

이번 여행에 나카무라 미코 상이 수고해줘 고맙고, 일행이 모두 한 마음으로 협조해 무사히 다녀왔다. 임석재 회장님의 일본어 실력이 진가를 발휘하여 여행 내내 도움을 주셔서 감사드린다. 일본 산악회 회원여러분의 헌신적인 협조로 후지산 등반에 성공하였고 무한리필 식사로 축하해 주셔서 나름 놀랐다. 여행목적이 후지산 등정이었지만, 비록 정상은 가지 못했으나 시즈오카의 역사와 문화를 보았고 좋은 분들과 함께한 5일이 행복했다.

정병남 수필집

무등역

인쇄 2020년 12월 22일
발행 2020년 12월 28일

지은이 정병남
발행인 서정환
펴낸곳 수필과비평사
주　소 전라북도 전주시 완산구 공북1길 16
전　화 (063) 275-4000, 252-5633
팩　스 (063) 274-3131
이메일 sina321@hanmail.net
출판등록 제300-2013-133호
인쇄 · 제본 신아출판사

ISBN 979-11-5933-315-6 03810
값 13,000원

이 도서의 국립중앙도서관 출판예정도서목록(CIP)은 서지정보유통지원시스템 홈페이지(http://seoji.nl.go.kr)와 국가자료종합목록구축시스템(http://kolis-net.nl.go.kr)에서 이용하실 수 있습니다. (CIP제어번호: CIP2020053896)

Printed in KOREA

※본 도서는 (재)전라북도문화관광재단 2020 예술인재난복지지원사업에 선정되어 보조금 일부를 지원 받았습니다.